Meek ku Këŋ ke Jiëëŋ

Meek ku Këŋ ke Jiëëŋ
(Riddles and proverbs in Dinka)

Manyaŋ e Deŋ

Meek ku Këŋ ke Jiëëŋ

Ka tö athööric Apäm

Introduction 3

The Dinka (Jiëëŋ) language 5

Alɛɛc 16

Wët tueeŋ 16

1.0 Meek në Thoŋ de Jiëëŋ 18

2.0 Këŋ ke Jiëëŋ 36

3.0 Kïït ke Thuɔŋjäŋ/ Akeer ke Thoŋ de Jiëëŋ 91

4.0 References 95

Meek ku Kën ke Jiëën

Introduction

This book *"Meek ku Kën ke Jiëën"* covers riddles and proverbs in Dinka. Riddles and proverbs are integral part for Dinka of all ages including young children or learners to master the Dinka language. This riddles and proverbs' book is written in simple Dinka to enhance easy understanding by those learning the Dinka language. Most of the riddles and proverbs used in this book are common among some Dinka communities. In addition, some of the riddles and proverbs were borrowed from other African communities and translated to Dinka. There are lot of similarities among the Africans riddles and proverbs. Only the wordings and characters used maybe different but the meanings are always similar.

The riddles are very popular among the Dinka people. They are commonly used by kids to pass time in the evening around the fire before going to sleep. The Dinka children used riddles in form of a game. For example, one child says the riddle and the other child give an answer for the riddle. If the second child gets the right answer, then it will be his/her turn to say a riddle and the other child give the answer. If the child being asked fail to give the answer, the child asking the question will choose the best young man/young girl of his/her choice and asked another riddle. The young learners being chosen are paired kind in a mock kind husband-wife relationship. The pairing will continue until the other child give the correct answer for the riddle. The other way this riddle is performed is by setting a number of riddles to be asked by each child.

Meek ku Këŋ ke Jiëëŋ

For example, each child may be entitled to ask 10 to 15 riddles. In such a case, the children can ask riddles in turn until the end. The child with higher points is the one who has presented the most difficult riddles that were not answered by the opposing team. The child automatically loses if her riddles were all answered by the opponents. This is very rare. If the two opponents get some points they can move to the next stage of tongue twister's elimination stage.

Tongue twisters are very popular among the Dinka. They are expressed in the form of songs and can be recited quickly to increase the chance of the reciter making a slip of the tongue, hence the purpose of the exercise. Tongue twisters in Dinka are hilarious, as they are in most cultures and languages. Dinka children enjoy them and send them roaring with laughter when they are practising them or hearing them being delivered. Most of tongue twisters in Dinka are framed in such a way that they become the stuff of entertainment. Each opponent can think of a tongue twister and then recite it for the other opponent to hear it. The other opponent then recites the same tongue twister while the initiator is listening keenly. The second person loss one point if she/he gets the tongue twister wrong. The opponent will loss one mock wife/husband if she/he gets the tongue wrong. The two opponents would continue until other losses all the points and become the loser. The other opponent becomes the winner.

The proverbs are also popular among the Dinka. They are used to pass on life lessons in a coded way. The proverbs are used by society's elders to teach young people of many things about life.

The following are other Dinka books that would help you learn Dinka language:

- *Piööc de Akeer ke Thoŋ de Jiëëŋ*
- *The Dinka Grammar: Lööŋ Mac Ɖiëc Jam, Gäär ku Kuën në Thoŋ de Jiëëŋ*
- *Yɔn në roor de cuɔl akɔ̈l (Akëkööl ke Jiëëŋ)*
- Other books

The Dinka (Jiëëŋ) language
Development of written Dinka

The Dinka (Jiëëŋ) language is one of Nilo-Saharan languages. The information about the existence of Dinka language was first published in 1866 in a journal called *Die Dinka-Sprache in Central-Afrika* by Johanes Chrysostomus Mitterutzner (Abdelhay, Makoni & Makoni, 2016). This was a recorded time in which Dinka speakers were identified by the outside world. Examples of Nilo-Saharan languages include Acholi, Alur, Avokaya, Baka, Bari, Beli, Bongo, Daza, Dholuo, Dongotono, Fur, Jur, Kanuri, Karamojong, Keliko, Lotuko, Lokoya, Lopit, Lugbara Ma'di, Modo, Maasai, Moru, Narim, Nuer, Nobiin, Old Nubian, Olu'bo, Shilluk, Toposa, Wa'di, Zhagawa, Zarma and much more (Abdelhay et al, 2016). The Dinka language remains the oral language until 19th and 20th Centuries when Christian missionaries started developing its alphabets using Latin's alphabets (Abdelhay, et al, 2016). The existing Dinka's alphabets were derived from the orthography missionaries developed for the Southern Sudanese languages at the Rejaf Language Conference in 1928 (Abdelhay et al, 2016).

The first written Dinka language was drafted by the Christian missionaries of the 19th and 20th centuries (Abdelhay et al, 2016). The current Dinka alphabets were created by Christian missionaries who were interested in learning the language (Abdelhay et al, 2016). It is believed the first Dinka written material was the translation of Bible into Dinka. The Bible was confined to the Dinka new converts and Dinka students who studied in schools ran by Christian missionaries. The contribution of two missionaries Archibald Shaw of Church Missionary Society and Fr. P. A. Nebel (Catholic priest) to Dinka language development is summarised below:

"The first missionaries of the Church Missionary Society, CMS, which founded their mission at Malek, 11 miles south east of Bor town, in 1905 and a school the following year, began translation of the scriptures into Bor dialect. The leader of those pioneering Christian missionaries of the Gordon Memorial Sudan Mission was Archdeacon Archibald Shaw. "From about 1911 Archdeacon A. Shaw took time from his preaching and teaching to supervise the translation of the N.T. (New Testament) into the Bor dialect of Dinka, publishing it book by book during the 1920s and 1930s, some trial editions at least being produced on the mission press at Malek. Philip Anyang Agul, Gordon Apeec Ayom and Daniel Deng Atong were his Dinka co-workers"- (From Janet

Meek ku Këŋ ke Jiëëŋ

Persson's. *In Our Own Languages: The Story of Bible Translation in Sudan*, Paulines Publications Africa, Nairobi, 1997, p12). Shaw's interactions were mostly with the Guala people, whose area is close to Malek and whose dialect belongs to Gok (Gɔ̈k) cluster which is a very close the variant of Athoc (Athɔ̈ɔ̈c)"(Atëm Y. Atëm).

"One of the foreign missionaries who made immense contribution to the writing and development of the Dinka language was Fr P. A. Nebel, a Catholic priest based in Kuajok of the former Gogrial District. Among his notable works is his Dinka Dictionary of Rek-Malual dialect which also contains text and vocabulary. He also wrote Dinka Grammar in 1947. Despite the fact the book was published in 1948, the work is still a useful reference for the students of language."(Atëm Y. Atëm).

This was still not enough because the Christians missionaries focus was for the Dinka students to learn English. Dinka continued to be taught in elementary schools in Dinka areas after the British left until the Khartoum regime decided to pay less attention to all the teaching of local languages across Sudan in favour of Arabic. Arabic was made the official language and language of instruction at schools across the country. This was intended to weaken African languages and cultures in the Sudan. The grand aim for the governments in Khartoum was Arabicisation and Islamisation of Sudan. The indigenous languages of the Sudan were relegated into being *rutana* or dialects which was a complete deception. Dialect is part of a certain language. In fact, Africa languages are with their own dialects within them. The neglect of indigenous languages in the Sudan and lack of incentives for learning

Meek ku Këŋ ke Jiëëŋ

indigenous language like Dinka discouraged many to learn how to read and write in their own languages. Learning Dinka or other indigenous language won't add to your resume to get employed. Today some languages and cultures went to extinct in the present Sudan because of this policy.

When the missionaries left, the Dinka written language was left embedded in the churches they left in the Sudan. To this date, you can find most of the Dinka written materials in the churches in the name of bibles, religious songs, small religious booklets and small stories books. Rarely, can you find Dinka written materials outside the church institutions. In addition, majority of the few Dinka who are literate in Dinka language were taught in the church institutions because Dinka language is not taught at schools.

The Dinka language is spoken by not less than 4 million people spread across South Sudan. The Dinka live in the seven out of former 10 states of South Sudan or 2 of the former three greater regions of Southern Sudan. It is the most spoken language in South Sudan. It is very easy for outsiders to assume that Dinka has few dialects but this not true. Dinka has over 10 major dialects. Only individuals who are fluent in Dinka can notice these dialectical differences. You can learn more about the Dinka dialectical differences in *A Dinka Grammar* and the book on learning of Dinka alphabets *"Piööc de Akeer ke Thoŋ de Jiëëŋ"* There are sections dedicated to Dinka's dialectical differences in those two books.

Literacy in Dinka language
Only tiny percentage of Dinka people can write and read in their own language. This is the same with the speakers of

other languages in South Sudan. A majority of educated Dinka do not write and read their mother tongue. The irony is, majority of these educated Dinka can read and write in more than one foreign language such as English and Arabic. There are many factors that lead to this phenomenon. First, until the beginning of the 20th century, Dinka society as is the case with many of its counterparts in much of the developing world, communication within it has always been oral. In this way, the mode of preserving its past, literature (wisdom, fables, myths, epic songs and the like, has been memory- from generation to the next. Second, the neglect of the non-Arabic languages, including Dinka by the Sudan's system of rule that was chauvinistic and intolerant of cultural diversity, contributed negatively to development of the country's indigenous languages.

More emphasis was placed on foreign languages such as Arabic and English. Theoretically in South Sudan, all the languages in the territory of South Sudan are enshrined in the constitution under article 6. Article 6 (1) of South Sudan constitution (2011), state "All indigenous languages of South Sudan are national languages and shall be respected, developed and promoted". Is the requirement under this section of the supreme law being implemented? This is a question every community in South Sudan will work to be realised.

Is Dinka still an oral based-society?
Dinka is still largely an oral based community. The art of writing is still foreign to the Dinka people. Customs, cultural beliefs and norms about the Dinka people are passed down from generation to generation by words of mouth. The Dinka's children master the language and culture through

play, storytelling, riddles, songs, traditional dances, oral poetry, proverbs and much more. For a Dinka child to learn and appreciate the Dinka way of life, that child must learn the language. The learning of Dinka cultures and language is a complete nightmare for those Dinka's kids growing in distance countries such as Australia, USA, Europe and Canada. The risk being Dinka theoretically without knowing the culture and language is high among these children. This is a daunting reality for every parent in distance countries need to grapple with. If you are a parent in distance countries, ask yourself how much Dinka does your child speak? If your child speaks less than 50 per cent of Dinka language, what about your grandchildren? What about your great grandchild? Will they still be Dinka and identify with Dinka cultures and way life?

Dinka language and global impact
These days the Dinka ways of life is no longer the same. The Dinka have come in contact with many cultures of their neighbours and the world. Many Dinka have been internally or externally displaced by the protracted civil war. Thousands of Dinka have been displaced to neighbouring countries such as Sudan, Kenya, Uganda, Ethiopia and Democratic of Congo. In addition, thousands of Dinka have migrated to countries such USA, Canada, Australia, Europe and other counties. The generations of Dinka children being born or raised in these new places are at greater risk of losing Dinka culture and language. Dinka children being brought up in those foreign countries lack the environment in which Dinka children in Dinka land master the language and culture. In some places and often, those migrants hardly have material in Dinka to aid their learning of the language and cultures.

Meek ku Kɛ̈ŋ ke Jiëëŋ

Impact of cultural-barriers on Dinka parents and children
The means by which Dinka children used to learn their language in the past are now not available to children born or growing up in foreign distance lands such as Europe, USA, Canada, Australia, Middle East, East Africa, Sudan and other countries. These children are at high risk of not speaking the Dinka language and appreciate the Dinka way of life. They are at risk of adopting cultures not compatible with Dinka way of life. Children in countries such as Australia, Europe, USA and Canada spend less time with their parents. The children spent more time at schools while parents are at works or doing other family responsibilities. This give parents and children less quality time to share Dinka cultural values and norms. Some of the parents speak little English or language of the host countries and their children are fluent in the languages of the host countries. These language differences can lead to members of the same family speaking difference languages in the same household. This can lead to communication breakdown among parents and their own children. This can bring social problems within the family and outside the family. It is easy to find a family where children struggle to communicate with their parents because of language barrier. For example, parents can speak to their children in Dinka and the children would respond in English or language of the host country. This is sometime quiet embarrassing because the children and parents feel like strangers to among themselves. This may create a potential conflict between parents and children. There are other notable impacts causes by cultural barriers. First, children might disobey their parent advices. In addition, some children might look down on their own parents because of educational gap. Third, the parent might give up on their parental responsibilities and give their kids unnecessary freedom that is harmful to them.

Meek ku Këŋ ke Jiëëŋ

Help Dinka children learn Dinka culture and language
The Dinka children growing up in countries such as Australia, USA, Europe and other countries got used to written language. This makes it difficult for these children to learn the Dinka language, cultural beliefs and norms orally like their counterparts do in Dinka land. There are many ways parents in distance countries can impart Dinka culture, values, norms and language to their children. First, the Dinka in foreign countries such as Australia, USA and other countries must embrace and practice Dinka cultural activities such as Dinka wrestling and traditional dances to let their children learn culture and norms. The Dinka traditional wrestling and dances are now emerging particularly in USA, Canada and Australia. This development must be appreciated and supported by Dinka parents and authorities in those countries to help youths appreciate their own culture and make them responsible members of those countries. These Dinka cultural events attract huge number of Dinka youths and members of other communities. Such events engage some youths and give them sense of community belonging. It makes them responsible members in their host countries. Rarely, can Dinka youths who participate in community events engage in criminal activities that can bring them into conflict with authorities. Second, the Dinka must put their cultural believes and values into writings. This will encourage the kids to read about their culture and language. Written Dinka language can help Dinka youths growing in distance countries learn their language and their cultures. This book, *"Meek ku Këŋ ke Jiëëŋ"* is available for those parents who may find it important for children to be literate in Dinka language and learn their own culture.

Meek ku Këŋ ke Jiëëŋ

It is very crucial for parents to help their children learn their culture and languages. Parents in foreign countries and home must know that their homes are the only spaces where their children can learn about their language, values and culture. Parents must make speaking Dinka in a house compulsory. This can be supplemented by storytelling in Dinka before kids go bed. In addition, parents should educate their kids to sing songs in Dinka. There are numerous Dinka traditional songs and religious songs. If a child can sing a song in Dinka and understand the message in that song than that child can easily learn spoken Dinka. In addition, allocate time for children to watch videos programs in Dinka. There are numerous videos about Dinka culture and language on Youtube and other media that would help your children learn Dinka. These videos include cultural marriages, traditional songs, Christian songs, Dinka poems, Dinka riddles, wrestling events, Dinka modern musicians singing in Dinka, traditional dances and much more. These are readily available resources for your child to master Dinka language. In addition, parents should encourage their children to read poems and riddles in Dinka. This is another way children can master Dinka language and culture. In addition, parents should teach children how to recite Dinka's tongue twisters. There are many them out there for children to learn. Last but not least, parents should educate their children about the hardship they endured before resettling in Australia, USA, Canada, Europe and other countries. If you take time to reflect on what you have been through, your kids would understand the golden opportunities around them they seem to ignore. The child future would be

Meek ku Këŋ ke Jiëëŋ

determined in part by the parenting roles in the house. The parenting role won't be complete or effective unless the children learn their culture and language. A child that does not appreciate the values and cultures of their parents would likely have difficulties appreciating the cultures of the host country. A child's behaviour in public or toward authority reflects the upbringing the child went through.

Personal reasons for writing this book
I have to admit that I wrote this book *"Meek ku këŋ ke Jiëëŋ"* for my own children. I got children who are now struggling to speak the Dinka language. Despite my effort to teach them Dinka, they speak a very limited Dinka. They can not complete a single sentence without mixing Dinka and English. As they grow older, they are having difficulties speaking the Dinka language. Why?

As a personal testimony, I have two sons (Deng and Garang) who spent over 3 years in Kenya with their grandma. I returned them to Australia in early 2017. When I brought them back to Australia they were very confidence speaking Dinka. In fact, they spoke in Dinka all the way from Jombo Kenyatta International Airpot (JKIA) to Perth International Airport. They narrated their live experiences in greater depth. In fact, they spoke Dinka fluently without any hesitation whatsoever. Now, after only spending over one a year in Australia, they are now struggling to speak in Dinka. Why?

That is my own personal experiences with my own kids. What are your own experiences with your own kids? Are your kids struggling to speak in Dinka like mind? If your answer is yes,

Meek ku Këŋ ke Jiëëŋ

why is it so, and what are you doing to solve this problem? The ball is in your court.

Various reasons as to why our children are struggling to speak in Dinka are highlighted in the previous paragraphs. It took me over a year of extensive work to put this book and other books together for my own children and children in similar circumstances. *"Meek ku këŋ ke Jiëëŋ"* is an attempt to solve this problem. If you are determine and willing for your children to be fluence in Dinka, then this book and other books can assist you to achieve this goal.

By Manyang Deng Biaar

Alɛɛc

Ɣɛn lec kɔc kedhia, kɔc cië kony në gäär de ye athöör kënë "*Meek ku Këŋ ke Jiëëŋ*" në kuɛɛr juëc. Kɔc juëc aa cië röth gam bï kë këŋ ku wël ke meek lueel ba keek gäär piny në ke athöörkë yiic. We juëc arëët aa we ca ke lëu ba we gäär rin piny wedhia. We ca ke leec në piɔ̈n dï ebën. Nhialic abë week dɔɔc ku thieei week ba kë ŋot ke we ye ŋïny tö ke we juëk mïthkuɔ agokë pïïr ku ciɛɛŋ de Jiëëŋ piɔ̈ɔ̈c.

Wët tueeŋ

Ye athör kän de meek ku këŋ acië gɔ̈ɔ̈r në Thoŋ de Jiëëŋ. Meek ku këŋ juëc tö në ye athör kën në yic aa ye kake Jiëëŋ. Meek ku këŋ lik aa ke löm keek në thook kɔ̈k yiic ku waar ke yiic në Thoŋ de Jiëëŋ.

Meek e kë pieth në Jiëëŋic ebën. Mïth ku kɔcdït aa ye meek thëëi të kënë kɔc guɔ tɔ̈c. Meek anɔŋ ka piethke. Kë tueeŋ, meek e kueer pieth de alɛɛŋ. E mïth ku kɔcdït cɔk mat abɔ̈rɔ̈ (aburo). Këde reu, meek e kɔc cɔk täk apieth. E kɔc piɔ̈ɔ̈th në täŋ adöt. Këde diäk, meek e mïth cɔk dɔc (dac) tak ku bï kë wët dhuk nom apieth keke cïï gääu. Këde ŋuan, meek e kɔc tuääk. Këde dhïc, meek e kɔc piɔ̈ɔ̈c në kuën adöt. Kë de dhetem, meek e mïth piɔ̈ɔ̈th në wël ke Thoŋ de Jiëëŋ. Këde dhorou, meek e määth pieht cak në kɛm ke mïth. Kë de bët, meek e mïth cɔk piööc röth kepëc. Kë de thök, meek e mïth piɔ̈ɔ̈c në ka bïkë ke yök në pïïrdenic të le kek dït.

Meek ayen në kɔc kereu pol, bïkë kenyïn gäät. Na juëc kɔc, keka tek keyiic në wuɔ̈t kereu. Ayen në wun në meek lueel ku dhuk wun de reu nom. Na cië luɛɛl de meek tiin, ke wun de

Meek ku Këŋ ke Jiëëŋ

reu abeer meek lueel ku dhuk wun dët të nom. Na kënë luɛɛl de meek tiiŋ, ke wun e luel meek e lɔc në këdeen nhiarkë. Na cïkë lɔc keka thiëc meek dët bï kɔckë dhuk nom agut të benë wun dët të meek tiiŋ ku beerkë thiëc de meek dɔm thok. Na cië meek thök ke diɛt ke meek ajɔl ke ket. Diɛt ke meek, aa ye diɛt ye kɔc rɔk liëp. Diɛt ke meek aa ye ke ket keke cië roth cök ago kɔc guëël. Din de meek aye wun në ket ku dhuk wun në nom. Na cï wun dhuk din de meek nom guëël, ke töŋ piethdeen wën cïkë lɔc aye yup nom. Kën de diɛt ke meek ayenë wun në lɔ ku beer wun në lɔ ke ke kuany kecök agut bë wun tök tiam. Wun cenë ka kɛɛn wën cië ke lɔc yup nïïm kedhia yen në ke bën, ke yenë wun cië tiaam.

Këŋ aa ye wël kuɔ̈m ye kɔc piɔ̈ɔ̈c në ka juëc. Këŋ aa ye kɔc piɔ̈ɔ̈c në nhiëër, riëëu, luɔɔi, mäny pieth de rɔt, täŋ pieth, ŋïny nɔŋ adöt, jiëëm de mïth, ciɛɛŋ de baai ku ka juëc kök. Ke këŋ tɔ̈ piiny kä, aa ye këŋ ke Jiëëŋ. Këŋ lik në ke yiic, aa ye këŋ ke juur kök cië ke waar yïïc në Thoŋ de Jiëëŋ.

Manyaŋ Deŋ Biaar

Meek ku Këŋ ke Jiëëŋ

1.0 Meek në Thoŋ de Jiëëŋ

Meek lik ke Thoŋ de Jiëëŋ kï piiny:

1.1 Biäk tueŋ de meek

Meek	Luɛɛl de meek
Acië nuei waar në miɔɔr mabiöör?	E dhiëër
Acol cäp, në diäk?	E töny
Acol köök juur?	E lïr de mac
Aduŋ de jɔk tök kë yic ku cïï thiäŋ?	E yäc
Aguätnom thuɛt man thïn?	E gɛɛr (pɔrɔ)
Ajany cuɛtë bec (yal) thok?	E yïc
Ajiëm luuŋë thok piny ku cïï ca wëlwei?	E thïn de weŋ
Ajiliu köm meth në deŋic	E anyuɔl
Aköp de mɛɛnh de jɔk cïï cam?	E aŋuet
Aköp de nyan ka ŋɔɔk.	E tuɔɔp de col
Aluɛɛl kuany kiir nom?	E muɔrmuɔɔr
Apiŋë jöt?	E löth
Apiŋ ku go riɛɛŋ të mec?	E löth
Atën de mëën thäär?	E liep
Atholop thuŋ nɔŋic thou?	E aɣɔm/awuɔl
Awalwala de nyaan liith?	E tuɔɔp areu
Ayen thany ageer?	E aŋuet ke kɔm

1.2 Biäk de reu de meek

Meek	Luɛɛl de meek
Din cie dhiëth në toŋ?	E alïïk
Din nɔŋ wun?	E deŋ alëluïi
Dom tem ku cï cam?	E tap
Ɣɛn cie dit ku ɣɛn cie lëi?	E alïik/Aliɛɛl
Ɣön kääc në mën tök?	E aweŋ

Meek ku Këŋ ke Jiëëŋ

Juar alueeth?	E lɔ̈ɔ̈r
Ka dïr mëën?	E nhial ke piny
Ka thöŋ ku ka bë ya thöŋ?	Akɔ̈l ku wëër
Kaŋ luɛɛth?	E kuëi
Kɔɔu cië ke gɛi në rel?	Aa ye gërëëi ke nom
Kë cɔk kɔc dhiaau kedhia?	E tol de mac
Kë cï tem kɔ̈u?	E ruääi/kaar
Kë cïï tïŋ ku cïï jak?	E yom
Kë cië tɔ̈ në run juëc ku ka kën pɛɛi thöl?	E pɛɛi
Kë cië tim gɔ̈ɔ̈l piny ku cïï lɔ në timic?	E päät
Kë cïn raan ric ye nyin?	E atiëp
Kë kɔ̈cic në göl ku ril në thök?	E tɔŋ
Kë kuël raan ke cïï ŋic?	E dhiɔɔp
Kë piŋ kuka cï tïŋ?	E aliir

1.3 Biäk de diäk de meek

Meek	Luɛɛl de meek
Keny de miök nɔ̈ɔ̈k në wiɛl thok?	E tuk de aköt
Kë tɔ̈ ke raan ebën?	Aa ye rin ke raan
Kë ye kɔ̈ɔ̈c gɔl ke bäär ku na këëc arët keka ciek?	E cam adan
	E wiir
Kë ye wut nɔ̈k ebën?	E adɛm de thɔ̈k
Kuek ayieŋder?	E ɣaar de piny
Kuem wënë ku keet wënë?	Aa ye nhïm cï ɣeer në
Lou cïn në ke miääu bol?	raan nom.
Mabiöör wɛɛr acië nuei?	E alɔkuthiäi
Macäär cië giit yeth në kïn ɣer?	E gaŋ-arɔ̈ɔ̈l
Majɔ̈k lony wɛk?	Aa ye nyïn ke raan
Malual cie waak ago cuɔ̈k thou?	E mac
Malual ceŋ tɔɔŋiic ku cï tɔɔŋ ŋot?	E liep
Malual yup daiyic?	Ee liep
Marial cam paan de ŋök?	E dak
Marial gir paan de ŋök?	E aduwäi

Meek ku Këŋ ke Jiëëŋ

Marial pieth cien në waar (këp)?	E maguar
Mɛɛnh dui adiër kɔc?	E bul/leŋ
Mony coi wut në dïïr tök?	E jö ke yɔ̈lde
kë lic thar, ku cïï thar lɔ nyut?	E aduwäi?

1.4 Biäk de ŋuan de meek

Meek	Luɛɛl de meek
Mony keny wutic në dïïr tök?	E jö ke ye yɔ̈l de
Monydïït dhiɔp në ye këc?	E wëër dëu
Na jak ɣa, ke ka luɛɛl?	E ayöm
Na kat të ke kat?	E atiëp
Mabiör cït nom anyaar?	E pen wil
Ɖuet jɔ̈ɔ̈r?	E kuën gɔp rëc në pïu yiic
Na kat të keka cï dut?	E wëëi
Na luɔ̈m ɣathok, ke yïn guɛɛl?	E löth
Nanyjak de jɔk cï jak yïc?	E apiɛɛn
Nyaan cie waak?	E löth
Nyaan ɣer lec ku cï lɔ lɔ̈ɔ̈r?	E tim cɔl bii
Nyaan köm meth në deŋic?	E anyuɔl
Nyaan thoi yeth ku cïn nom?	E magɔ̈rɔ̈k (alöŋ)
Thanduŋ de maliim?	E nyuɔ̈m
Thiɔ̈l cï kuenic?	Aa ye aduɛt ke deŋ
Tul lɔ panom?	E wum
Aluɛɛl kut jɔ̈ɔ̈k rɔɔk?	E bathɔl.

1.5 Biäk de dhïc de meek

Meek	Luɛɛl de meek
Tul tïŋic në nyin tök?	E alöŋ
Yeŋö cï nyanoor wën tëk lëk yi?	E yom
Wën cik nɔk ku cï lɔ lɔ̈ɔ̈r?	E raau guëth/dɛɛr
Weŋ yaŋ alɔ kɔl athuɔɔr?	E tim yep në yiëp

Meek ku Këŋ ke Jiëëŋ

Wët cik nak ku cï kë diër?	Aa ye rɛp guëth/dɛɛr
Wët diër ke ke thou?	Aa ye atëtooŋ
Wët yuith keke thou?	Aa ye nyïny tuak
Ya kë kɔɔ̈c e tëën ba kë bën nɛn?	Aa ye dël ke akeu
Yäär mac luaŋ cïn thok?	E nyith
Yälyäl dhuŋ wut?	E piɔɔ̈t
Ye kɔɔ̈c e tëën ku ba bën nɛn?	E dëël de akeu nyin
Yeŋö kuem ku ben luui?	E tuɔŋ
Yeŋö nɔŋ yeth ku cïn nom?	E alöŋ
Yeŋö nɔŋ cin ke reu ku cïn cök?	E thaa
Yeŋö thiek në nak ku kuur?	Aa thöŋ
Yeŋö ye këdu kuka nhiɛɛr kɔc?	Aa ye rinku
Yeŋö ye lɔ nhial ku cïï bɔ̈ piny?	Aa ye run ke raan
Kë dïït thöl në thim?	E akɔɔ̈n
Kë cïï diäär thiëp?	E rïŋ de akɔɔ̈n

1.6 Biäk de dhetem de meek

Meek	Luɛɛl de meek
Anɔŋ nyin tök kuka cie daai?	E aliprɔt
But e daai ku cool në daai?	Aa ye nuur ke riäi.
Kë luitic në nyin tök?	E alöŋ.
Ɣön dïït cïnic mëën?	E nhial.
Kë tiŋ ŋa?	E nëën.
Kë piŋ ku cï tiŋ në kɔc nyïn?	E yom.
Ka cïï ke kuen?	Aa ye kuɛl nhial.
Aköp wal ku cï cam?	E aŋuet në raan nom.
Many dëp aköl ku liiu wakɔ̈u?	E akɔ̈l.
Wun cië kal në rit?	E nyin ke nhïm
Wët cop röth kuka cï röth döt?	Aa ye cök ke riäi.
Kë ŋaam domic?	E nyuɔ̈m.
Many dëp wakɔ̈u ku liiu aköl?	E pɛɛi.
Malual nɔŋ liep ke cïn thok?	E mac.

Meek ku Këŋ ke Jiëëŋ

Akuany mac në wïn ciek?	E adhiäät.
Kë löny ke kääc ku rɔ̈c piiny?	E deŋ.
Maŋök nëk nhian?	E apabuɔ̈ŋ
Alanh riääk në ye këc?	E wëër dëu

1.7 Biäk de dhorou de meek

Meek	Luɛɛl de meek
Gäär nïn ke diäk keke kuany ke cök ku ka ye nïn cïniic aköl de diäk, aköl de dhïc ku aköl de dhorou?	E wään, ye köölë ku miäk
Ka ye tuɔ̈l wakɔ̈u ke cïn raan cië ke cɔɔl ku mëër kë aköl ke cïn raan cië ke kual?	Aa ye kuɛl nhial
Man de Bul anɔŋ mïth ke diäk. Mɛnh tueŋ aye cɔl Bol ku mɛnh de reu aye cɔl Nyëbol. Ye mɛnh de diäk cɔl ŋa?	Aye cɔl Bul
Na kat të, ku bak raan de reu thok, ke ye nyin yïn dï yen ca lööm?	E nyin tueeŋ
Na tɔ̈ ke ya, keka ca tek wɔ raan dë. Na tɛk ke, keka cïï beer tɔ̈ ke ya. Ye ŋö?	E wët mony
Na wɛl rɔt në tök, kekë tɔ̈u bii acïï bɔ̈ thïn ku na bɛɛr rɔt wel, ke kë tɔ̈u thïn acïï lɔ bii?	E atuëër
Ye kueer kɔ̈cic yïn dï, yen na dë ke juɛk yïn wëu ku yiic na reu?	E ba ke tääu në nëën nom
Na löm toŋ ke reu në toŋ ke	

Meek ku Këŋ ke Jiëëŋ

diäk yiic ke ye toŋ ke dï cië döŋ në yïïn?	Aaye toŋ ke reu.
Mïth ke ŋuan ku liu mɛɛnh tök ke mïth kɔ̈k kë acïï lui?	E cök ka agen.
Biɔny cëŋ ater ciɛlic?	E liep
Ɣön diëën cnic ɣɛɛr?	E raŋ
Raan nhiäär arët ke cïn kë pieth cië looi?	E mɛɛnh thi
Yeŋö ye lɔ nhial të tuenyë deŋ?	E wuŋ alïïk
Ɣɛn nɔŋ ɲom ku yɔ̈l ku ɣɛn cïn guɔ̈p?	E gïrïc
Kë wet të piny ku lɔ ke dït?	E adhum wec
Kë nɔŋ cin ke reu kuka cïï ye cin ye maŋ?	E thaa
Kë ye kat kuka ce cath?	Aa ye aduɛt ke deŋ
Yeŋö ye köör cuet në rïŋ ke thith?	E kë kën yen thät piɔ̈ɔ̈c
Ke nɔŋ cök ke ŋuan kuka cie cath?	E agen de cäm
Nyaan cek ku nyïc ɣɔ̈t.	E guɔ̈l

1.8 Diɛt ke meek (wël ke röök de liep)

Në run juëc cë lɔ, ke diɛt ke meek acï Jiëëŋ ke ya cak. Aaye ket keke cë ke nuat cök ago raan guëël. Diɛt ke meek aa ye ket të cïn në meek thök. Diɛt ke meek aa ye kɔc nɔŋ adöt ke cak. Wël ke röök de liep anɔŋ piath den. Kë tueeŋ, aa ye kɔc tuääk bë kɔc dɔl. Raan e ye thok kuek ku lueel kë bë kɔc cɔk

Meek ku Këŋ ke Jiëëŋ

dal abï kɔc ŋɛŋ duɔ̈ɔ̈r rɛɛt. Kë de reu, diɛt ke meek aa ye kɔc piɔ̈ɔ̈c bïk liëp lɔ cök ku bï kë wël ke Thoŋ de Jiëëŋ ya cɔɔl apieth. Kë de diäk, diɛt ke meek aa ye kɔc piɔ̈ɔ̈c në jam de kɔc nïïm. Wël ke röök de liep aa ye raan ye rɔɔk ku raan nuɛɛn jam rïc liep bë ya jam apieth. Kë de thök, diɛt ke meek aa ye kɔc piɔ̈ɔ̈c në wël ke Thoŋ de Jiëëŋ. Diɛt ke meek lik kï tɔ̈ piiny:

1) "Aköök acië ye cin tääu në göökic, ku köök ke lɔ Paköök ke muk göök në ye göök"

2) Col, col cool ke Col. Na cïï cool ke Col col, ke cool ku abïnë ke cool ke Col cool.

3) Ruec lek liɛɛt, abë liɛɛt lek rueec, makuanydië athär yäric.

4) Wɔ ka ke lɔ kool wɔ wää, go wää peer kool ku kuɔɔl yɔm, Na në wää kën peer kool e dë kën yɔm kool.

5) Röör ake tëk në paan da thök waan thëëi. Mony tök amoth nom, kën moc nom ya mɔth. Moth moc nom! Moth moc nom! Moth moc nom! Moth moc nom!

6) Ŋany ku dɔt, acath e dɔt dɔɔt, e dɔt, e dɔt dɔɔt

7) Anaai awaan baai ke nai Anaai nom në naai.

8) Makuaac e Makuaac akuac rëc kɔ̈u në kuaac ke kääc ke Akuac de Makuac.

Meek ku Këŋ ke Jiëëŋ

1.9 Thëm de nom

I) Lɔc töŋ ye yic në ye meek cë ke thïïc piinyë yiic:

1. Monydïït dhiɔp në këc?

   a) E löth

   b) E luak

   c) E wëër

   d) E ɣöt

2. Awalwal de nyan ka ŋɔɔk?

   a) Awalwala

   b) E tuɔɔp de areu

   c) E aköp

   d) E tuɔɔp de col

3. Nyan cie waak?

   a) E mac

   b) E lödh

   c) E raan ye mam

   d) Acïn kë ye yic në ka tɔu nhialë yiic

4. Marial gir paan de ŋök?

   a) E yiëp

   b) E dak

   c) E cercer

   d) E raan

5. Monydïït yɔth thar ku cï thar lɔ nyut?

    a) E tul de këroor

    b) Aduwäi

    c) E meth

    d) E monydït

6. Aluɛɛl kuany kiir nom?

    a) E thiäŋ

    b) Aa ye thiɔ̈ɔ̈ŋ tem kiir

    c) E raan ceŋ alanh thith

    d) E muɔrmɔɔr

7. Biɔny cëŋ ater ciɛlic?

    a) E gëm

    b) E liep

    c) E nyäär

    d) E aliëk

8. Kë ŋaam domic?

    a) E nyuɔ̈m

    b) E anyuɔl

    c) E raau ɣɛɛr

    d) E raau

9. Aköp wal ku cïï cam?

    a) E tuɔɔp areu

Meek ku Këŋ ke Jiëëŋ

b) E aköp

c) E tuɔɔp de col

d) E aŋuet

10. Ka cïï ke kuen?

a) E liɛɛt de baar

b) Aa ye kuɛl nhial

c) Aaye nhïm ke nom

d) Aa ye edhia

11. Wun cë kal në rit?

a) E wum

b) E thok

c) E räth

d) E nyin

12. Akuany mac në wïn cek?

a) E amujoŋ

b) E Dɛɛr

c) E adhiäät

d) Aa ye keka tɔu nhial kë kedhia

13. But e daai ku coolë daai?

a) E gaak de tiäm

b) E nuur ke riäi

c) E awëër ke ɣöt

Meek ku Këŋ ke Jiëëŋ

    d) Aa ye ke kedhia

14.   Kë koor ku cï biöŋ thuet?

    a) E areu

    b) E nhiëër

    c) E biɔl

    d) E amuuk

15. Wët diër keke thou?

    a) Aa ye nyïny tuak

    b) Aa ye atëtooŋ get ke

    c) E rïŋ tuak

    d) E aköp köp.

16. Ya kë kɔɔc ye tëën ku ba kë bën nɛn?

    a) Aa ye tuŋ ke weŋ

    b) Aa ye rɛp tɔ̈ domic

    c) Aa ye dël ke akeu nyin

    d) Aa ye tiim tɔ̈ në baai thok

17. Tul lɔ panom?

    a) E aliëk

    b) E arööl

    c) E töör

    d) E wum

18. Mony keny wut në dïïr tök?

Meek ku Këŋ ke Jiëëŋ

    a) E weŋ ke yɔl de

    b) E raan keny wut ke muk atuel tök në ye ye cin

    c) E Jö ke yɔl de

    d) Acïn kë ye yic në ye ka tɔu nhial kë

19. Malual yup daiyic?

    a) E liep

    b) E gëm

    c) E guɔl

    d) Aa ye ke kedhia

20. Majöŋ lonyë wɛk?

    a) Aa ye nyök ke thök

    b) Aa ye miöör majɔk

    c) Aa ye nyïn

    d) Aa ye ke kedhia

21. Ajany cuɛt të yal thok?

    a) E abɔny de töny de tiɔp.

    b) E aduŋ cië kuɛɛm

    c) E nyin

    d) E yïc

22. Monydïït lɔ wut ke teer?

    a) E ayöm

    b) E löth

c) E ajuɔɔŋ

d) Aa ye ke kedhia

23 Din ye dhiëth aa jiël?

    a) E ajïth

    b) E alïïk

    c) E cuɔɔr

    d) E dhëël

24. Aguätnom thuɛt man thïn?

    a) E pɔrɔ

    b) E gɛɛr

    c) E daan de weŋ

    d) Acïn kë ye yic në ye ka tɔu nhial kë yiic

25. Acol köök juur?

    a) E Lïr de mac

    b) E ŋeth de mac

    c) E col de mac

    d) E anyaar

26. Ajiliu köm meth në deŋic?

    a) E raan köm në deŋic

    b) E agɔɔk

    c) E anyuɔl

    d) Aa ye ke kedhia

Meek ku Këŋ ke Jiëëŋ

27. Atën de mëën thäär?

   a) E cin

   b) E nyäär

   c) Aa ye lec

   d) E liep

28. Kɔɔu cië ke gɛi në rel?

   a) Aa ye mëën ke luak

   b) Aa ye muuk ke luak

   c) Aa ye kɔɔu ke ɣöt

   d) Aa ye gërëëi ke nom thok

29. Buŋë ku buŋë marial lɔ ɣät?

   a) E awëër

   b) E ɣöt

   c) Awëër ku ɣöt thok

   d) Aa ye ke kedhia

30. Raan nhiäär arët ke cïn kë pieth cë looi?

   a) E raan cï dhiɔp

   b) E raan bec

   c) E nyaan thiak

   d) E mɛɛnh thi

31. Weŋ yaŋ alɔ kɔn athuɔɔr?

   a) E kul yaŋ

Meek ku Këŋ ke Jiëëŋ

b) E amäl yaŋ

c) E weŋ yaŋ

d) E tim yep në yiëp

32. Mɛɛnh cëŋ në cuɔlic?

a) E rëc pïïr në pïu yiic

b) E meth yiëëc

c) E nyaŋ cëŋ në tulic

d) Acïn kë ye yic ne ka tö nhial kë yiic

33. Yälyäl dhuŋwut?

a) E löc

b) E adeet

c) E piööt

d) E kɔm

34. Nyan cek ku ŋïc y̏öt?

a) E doŋ

b) E guɔ̈l

c) E lëi

d) E lek

35. Thanduŋ de maliim?

a) E yiɛɛr

b) E nyuɔ̈m

c) E cual awai

Meek ku Këŋ ke Jiëëŋ

d) E cual de thukar

36. Mɛɛnh dui aa diër kɔc?

a) E lɔ̈ɔ̈r

b) E bul

c) E leŋ

d) Aa ye ke kedhia

37. Thiɔ̈l cïï kuenic?

a) Aa ye nyieer ke deŋ

b) Aa ye aduɛt ke deŋ

c) E deŋ tueny

d) Aa ye ke kedhia

38. Yeŋö ye piŋ ku cïï tïŋ?

a) E wët

b) E din ket

c) E yom put

d) Aa ye ke kedhia

39. Ka dït mëën?

a) E nhial ke piny

b) E wëër ke akɔ̈l

c) E pɛɛi ku akɔ̈l

d) E jɔk ke Duciëk

40. Keny de miök nɔ̈ɔ̈k në wiɛl thok?

Meek ku Këŋ ke Jiëëŋ

a) E keny de miök nɔ̈ɔ̈k në ɣöt dool

b) E keny de miök nɔ̈ɔ̈k në luak nom

c) E tuk aköt nɔ̈ɔ̈k në wiɛl thok

d) Acïn kë ye yic në ke yiic

II) Yeŋö ye luɛɛl de ye meek tɔ̈u piiny kë:

Meek	Luɛɛl de meek
Wët diër keke thou?	....
Aluɛɛl kuany kiir nom?	....
Kɔɔu cë ke gɛi në rel?	....
Yälyäl dhuŋ wur?	....
Akuur mac luaŋ cïn thok?	....
Kuek ayeŋder?	....
Awalwal de nyaan liith?	....
Weŋ yaŋ alɔ kɔl athuɔɔr?	....
Akuany mac në wïn ciek?	....
Wën keny wut në dïïr tök?	....
Nyan cek ku ŋïc ɣɔ̈t?	....
Tul luitic në nyin tök?	....
Acë nuei waar në miɔɔr mabiöör?	....
Acol cäp, në diäk?	....
Acol köök juur?	....
Kë kuël raan ke cï ŋic?	....
Kë piŋ ku ka cï tïŋ?	....
Thon cien në tool?	....
Tul lɔ panom?	....
Aluɛɛl ana ciëpë keka kut jɔ̈ɔ̈k rɔɔk?	....
Marial cam paan de ŋök?	....

Meek ku Këŋ ke Jiëëŋ

Majɔ̈k lonyë wɛk?	....
Ajany cuɛt të yal thok?	....

2.0 Këŋ ke Jiëëŋ

Këŋ aaye wël kuɔ̈m ye kɔc piɔ̈ɔ̈c në ka juëc. Këŋ aaye kɔc piɔ̈ɔ̈c në nhiëër, rïëëu, luɔɔi, döŋ de rɔt, täŋ pieth, ŋïny nɔŋ adöt, jiëëm de mïth, ceŋ baai ku ka juëc kɔ̈k. Ye këŋ tɔ̈u piiny kë, aaye këŋ ke Jiëëŋ. Këŋ lik në ke yiic, aaye këŋ ke juur kɔ̈k cë ke waar yïïc në thoŋ de Jiëëŋ. Biäk de këŋ ke thoŋ de Jiëëŋ kï piiny:

2.1 Biäk tueŋ de këŋ
1) Aa bï jɔk ke tek.
2) Aaye ka leer e deŋ ke karur.
3) Abë rɔt nyuɔɔth ye tök
4) Abëël yen akuc piath de nom.
5) Abïny lɔ ku abiny bɔ̈.
6) Acɔ̈ɔ̈m ace lɔ të tɔ̈u e läi nɔŋ nïïm tuŋ.
7) Ace ɣɛɛr de piny, yen në cɔɔr cɔk ŋic ye thok të ciëm yen.
8) Ace Maŋök thök.
9) Ace nyin cë tuɔkic yen nin kuka ce nyin kën në tuɔkic yen daai.
10) Acï pieth bë bäny mat ke raan cië awäc looi.
11) Acie ɣɛɛn wɔ yï, yïn ye gɔn në, e ɣɛɛn wɔ gɔn tï.

Meek ku Këŋ ke Jiëëŋ

12) Acïn agɔŋ yeye köu tïŋ ye tök, aye agɔŋ dët tïŋ köu.
13) Acïn amoŋ ye cath ye tök.
14) Acïn awaŋgaŋ lëu ben pïu pieth ku pïu kec wër bei thïn.
15) Acïn awaŋgaŋ lëu bïï pïu pieth ku pïu kec wëtbei thïn.
16) Acïn bääny pieth ye riɛl bëi.
17) Acïn bääny pieth, ye riɛl bëi.
18) Acïn bääny thiekic yen në raan lɔ thïn ke thäär.
19) Acïn bääny thiekic, yen në raan lɔ thïn ke thäär.
20) Acïn cɔɔr wär kɔc jai bï kë daai.
21) Acïn cɔɔr ye cɔɔrë γöm.
22) Acïn cɔɔr ye cɔɔrë γöm.
23) Acïn cɔɔr, wär kɔc jai bï kë daai.
24) Acïn dhëëŋ tɔ̈u, të nɔŋ nyaan nhiaar të tɔ̈u ë röör thïn.
25) Acïn dhuëëŋ tɔ̈u, të nɔŋ nyaan nhiaar të tɔ̈u ë röör thïn.
26) Acïn jiɛɛk lëu bë thuɔɔu gël.
27) Acïn jiɛɛk lëu bë thuɔɔu gël.
28) Acïn jöŋ ye mïth ke luɔk në ye köu.
29) Acïn kë jöt aköl cök.

Meek ku Këŋ ke Jiëëŋ

30) Acïn kë jöt akɔ̈l cök.
31) Acïn kë ye aboot (dhiëi) luɔ̈i kɔɔi, ebë nyan kɔ̈u abac.
32) Acïn kë ye gäk ke kuɛny wun cök.
33) Acïn kë ye gäk, ke kuɛny wun cök.
34) Acïn kë ye yök në tɔŋ cë wɛl nhom baai, e ŋɔ̈ɔ̈ŋ nërɔt.
35) Acïn kë ye yök në tɔŋ cië wël nhom baai yic, e ŋɔ̈ɔ̈ŋ rot.
36) Acïn kë ye yök, ke cïn tui.
37) Acïn kööl wär, ye köölë.
38) Acïn kööl wär, ye köölë.
39) Acïn kööl ye raan tiit.
40) Acïn kööl ye raan tiit.
41) Acïn mɛɛnh ye dhiëëth ku ciɛth.
42) Acïn mɛɛnh ye dhiëëth ku ciɛth.
43) Acïn miŋ wär kɔc jai bï kë piŋ.
44) Acïn miŋ, wär kɔc jai bï kë piŋ.
45) Acïn nyaan kën thɔ̈ny këröör ɣön de dhiëth.
46) Acïn raan arëk ke dhäle, të lëk e thöny cen nyuc cie man cië ye köth.

47) Acïn raan lëu agɔ̈ŋ cië dhiɔp, në piɔ̈ɔ̈c në yith nhial ku cäth në tiimiic.
48) Acïn raan lëu bë agɔ̈ŋ cë dhiɔp piɔ̈ɔ̈c në yith nhial.
49) Acïn raan lëu bë wëër teem ke kuaŋ, ku ler bii ke cïn guɔ̈p pïu.
50) Acïn raan lëu bë wëër teem ke kuaŋ, ku ler bii ke cïn guɔ̈p pïu.
51) Acïn raan lëu jöŋ cië dhiɔp në piööc de yäp de läi.
52) Acïn raan ril tɔ̈u lëu bë deŋ cɔk tueny dom de ye tök.
53) Acïn raan ye cuet në riɔ̈ŋ de.
54) Acïn raan ye cuet në riɔ̈ŋde.
55) Acïn raan ye dhiëëth ke ŋic käŋ.
56) Acïn raan ye dhiëëth ke ŋic käŋ.
57) Acïn raan ye dhuëŋ në wuɔ̈t ke reu.
58) Acïn raan ye jöŋ de cuɔ̈ny ke rap, ku lueel ye cï cɔk bë bën paan de.
59) Acïn raan ye jöŋ de cuɔ̈ny ke rap, ku lueel ye cï cɔk bë bën paande.
60) Acïn raan ye kat ke lɔ ke gɔny ye thar.
61) Acïn raan ye rac ke wun den.
62) Acïn raan ye rac ke wunden.

Meek ku Këŋ ke Jiëëŋ

63) Acïn raan ye tiɔm de ɣönde, wec ye tök.
64) Acïn raan ye tiɔm de ɣönde, wec yetök.
65) Acïn raan ye tuur töu në wëër ciɛlic.
66) Acïn raan ye tuur töu në wëër ciɛlic.
67) Acïn të dët thöŋ ke paan du.
68) Acïn të dët thöŋ, ke paandu.
69) Acïn thäny ye wëër ke akɔ̈l.
70) Acïn thon ŋuän, thou e thou.
71) Acïn thon ŋuän, thou e thou.
72) Acïn tiët ye jɔŋ de paan de caar.
73) Acïn tol ye ɣeer, të cïn mac.
74) Acïn tol ye ɣeer, të cïn mac.
75) Acïn töny pieth lëu bë kuïn bëi.
76) Acïn töny pieth lëu kuïn bïï.
77) Acïn tuɔ̈c de piɔ̈u arɛ̈k ke nyop rɛ̈c.
78) Acïn wël pieth lëu bï kë kuïn bëi.
79) Acïn wël pieth lëu bï kë kuïn bëi.
80) Acïn wuɔ̈ɔ̈c töu në kaam de raan cop dïn cë alëth ke jɔt ke cïn kɔ̈u alëth.
81) Adït piɔ̈u jal guɔ lɔ, ku jal raau da guɔ lɔ̈ɔ̈k luɔk.
82) Adït piɔ̈u jal guɔ lɔ, ku jal raau da guɔ luɔk.

Meek ku Këŋ ke Jiëëŋ

83) Aduɛt ke deŋ aa ye kuac cɔk tiɔp guɔ̈p, aa cie buuk ke ye waak wei.
84) Agɔɔk acï riŋ në tiim nïïm ye piɔ̈ɔ̈c akäl tök.
85) Agɔɔk acïï kat në tiim nïïm ye piɔ̈ɔ̈c akäl tök.
86) Agɔŋ cië piɔ̈th kɔ̈u alëth acie rɔm ke kɔc.
87) Agɔŋ dhëny ye nyin bë ayiëëp tïŋ apieth, e many de dhaŋ tïŋ në ye nyin.

2.2 Biäk de reu de këŋ

1) Agɔŋ ye nyuäth në wal ku reec nyïn ke tiim e thɔ̈k.
2) Agönh de kɔc cië röth thiaak, e nhiëër den cɔk jöt.
3) Agöör ba nyin tïït kaku, ago piɔ̈u cuɔ̈k dhiaau.
4) Agöör ba nyin tiit, ago piɔ̈u cuɔ̈k dhiaau.
5) Aguek ace pol në pïu tuciic.
6) Aguek acie päär aköl abac.
7) Ajɔ̈ŋköör anɔŋ cök ke ŋuan, ku ke ŋot ke löny.
8) Ajɔ̈ŋköör anɔŋ cök keŋuan, ku ke ŋot ke löny.
9) Ajïnh ye piny wet apieth, acï cɔk ye nɔ̈k
10) Akaca cë dɔc cop në pïu thook, e dek në pïu pieth.
11) Akaca de Deŋ Amool.
12) Akaja cië dɔc cop në pïu thook, e dek në pïu pieth.

Meek ku Këŋ ke Jiëëŋ

13) Akäl, akäl du, ku miäk akäl dï.
14) Akäl, akäl du, ku miäk akäl dï.
15) Akɔ̈ɔ̈n adït kuke rɔt kuath në luaŋ.
16) Akɔ̈ɔ̈n adït, ku ka aye aguek nɔ̈k.
17) Akɔ̈ɔ̈n adït, kuka ye aguek nɔ̈k.
18) Akɔ̈ɔ̈n e löny në wɛi juëc.
19) Akɔ̈ɔ̈n e löny në wɛi juëc.
20) Akɔ̈ɔ̈n e thök në thïm.
21) Akɔ̈ɔ̈n e thök në thïm.
22) Akëköl anɔŋ biäk dɛɛn dët.
23) Akëköl e rɔt bɛɛr piny.
24) Akëköl e rɔt bɛɛr piny.
25) Akëköl ebën anɔŋ biäkdɛɛn de reu.
26) Aköl töŋë, yen e miök lëëŋ ku yen e töny de tiɔp cɔk ril.
27) Akön aaye tuŋken ket.
28) Akön Awuɔ̈l Akuɔŋ.
29) Akön Awuɔ̈l Akuɔŋ.
30) Akuc agɔɔk man ye miöŋ de kiëc yen diny në nyïn ke amëlat.
31) Alathkëër cië dhiɔp acie thou, aaye määr.
32) Alɛɛc de akaca, e bë yï wec.

Meek ku Këŋ ke Jiëëŋ

33) Alɛɛc de akaca, e bï yï wec.
34) Aliëk e kɔc määt.
35) Aliëk e kɔc määt.
36) Alueel acuäŋ leŋ, ye cië leŋ kuɔ̈c yup.
37) Amël ŋëër köör ke, aa ye kɔ̈ɔ̈r ŋëër amääl ke tiaam.
38) Amël ŋëër köör ke, aaye kɔ̈ɔ̈r ŋëër amääl ke tiaam.
39) Amook acï miɛt de kuïn ye piɔ̈c thok.
40) Anɔŋ kë gɔɔny amääl nom piiny.
41) Anɔŋ kë gɔɔny Amääl nom piiny.
42) Anɔŋic kuur de cuɛɛi.
43) Anɔŋic kuur de cuɛɛi.
44) Anyar e Col e Muɔɔŋ
45) Aŋääŋ e rïŋ cuet adik të cen ye liep kac.
46) Aŋääŋ e rïŋ cuet apieth, të cien ye liep kac.
47) Aŋääŋ ku ajiɛɛk acie guŋ ɣän tök.
48) Aŋääŋ ku ajiɛɛk acie guŋ ɣön tök
49) Aŋau, alëu bë rëër të tɔu e Mëlëk thïn.
50) Aŋau, alëu bë rëër të tɔu Mëlëk thïn.
51) Aɲic kee reu, alëu gɔn den në thël.
52) Aɲic kereu, alëu gɔn den në thël.
53) Aŋuän ba löny në tim nom ku dhoŋ yï kɔ̈u në kë bïn yïn löny në nhiëëric ku kuɛm ë piɔ̈u.

Meek ku Këŋ ke Jiëëŋ

54) Aŋuɔ̈ɔth cë rɔ̈m në lëi yic, aaye jäl keke nɔŋ thook rim kedhia.
55) Aŋuɔ̈ɔth cië rɔ̈m në lëi yic, aa ye jäl keke nɔŋ thook rim kedhia.
56) Aŋun cië kiu ace bɛɛr cam.
57) Aŋun cie kiu acie bɛɛr cam.
58) Aŋun de Lual Deŋ aye cɔk thiak nya.

59) Aŋun ye läi cop kedhia e daar.
60) Aŋun ye nyin tïït në rɔt e pïïr në run juëc.
61) Apɔ̈rpɔ̈r athiääk ke kë riääk.
62) Apiɔlic bï raan tak lɔn yen dhöl pieth yen leer yen thïn, ku kuc lɔn yen dhöl de riääk yen buɔɔthic.
63) Apieth ba kɔ̈th në yï cök, ku cï kɔ̈th në yï liep.
64) Apieth bë raan cuɔ̈k thiëk në tiŋ yeye yɔ̈th kiɛɛu në nyindhia.
65) Apieth kuka cï beer dhuɔ̈k thïn lueel Col e Muɔɔŋ.
66) Apuɔth ba kë rɛɛcdu cam në ciɛɛŋ puɔthic, tën ba këdïït mit cam në ciɛɛŋ racic.
67) Apuɔth ba kë thiin nyɔɔt yök aduäŋ duyic, tën ba ka juëc yök në dhöl de ruëëny.

Meek ku Këŋ ke Jiëëŋ

68) Apuɔth bë raan käŋ ŋic, tën ben naŋ ka juëc e path ku kuc käŋ.
69) Ariɔ̈c e mïth ke kuɛɛŋ.
70) Ariɔ̈c e thou na cië kut, ke thon de kën bën.
71) Ariɔ̈ɔ̈c e guɔ̈p ciën piäär.
72) Ariɔ̈ɔ̈c e mïth ke kuɛɛŋ (muk)
73) Ariɔ̈ɔ̈c e thou na cië kut ke thon de kën bën.
74) Ariöp de rëëc, e thou.
75) Atɛɛr gɔɔl aa cie koon.
76) Atɛɛr gɔɔl aacie koon.
77) Athɛɛk de kɔc, e yïn cɔk man ka rac.
78) Athɛɛk de Nhialic, e yïn cɔk man ka rac.
79) Awëëc ke reu aa cie yic ye bëi.
80) Awuɔɔu të thiɔ̈k acï pieth.
81) Awuɔɔu të thiɔ̈k arac lueel aŋui.
82) Ayiëëp eye nom lɛc apɛi në ŋeenyde, agut bë köör lɔŋde bɛɛr guiir.
83) Baai e kɔc nɔ̈k, ku ka ce waan.
84) Bääny cië keer në riɛm e cath ke ater.
85) Baba gäk ɣɛɛn, ku yïn gëk jur.
86) Bal köör wun cɔk.

Meek ku Këŋ ke Jiëëŋ

87) Bäny cie kë rac ye nhiaar, aye bääny de yic thiëk ku pɛth.

2.3 Biäk de diäk de këŋ

1) Bäny nɔŋ dukuuny pieth ayen në bäänyde yic thiɛk ku paande e lɔ dïu.
2) Bäny ye kɔc ŋöŋnyïn thany piny, acït deŋ aguak ye rap looc.
3) Bäny ye kërac wëël thok, acït apälräk cï mëläŋ gɔɔk köu ku γëëth tën thëth.
4) Bär γöt në thoŋ tueŋ.
5) Bëël e ba këdë ya looi në nyindhia, ku lueel wu ba dët wääc yök.
6) Bëny cie nyaai aye guum e lik.
7) Ber cɔɔric.
8) Bëi miɛt de piöu të nɔŋ wuur ku moor, kɔc e ke bïi yïïn në pinynhom.
9) Bëi miɛt puöu tën wuur ku moor, kɔc e ke bïi yïïn në pinynhom.
10) Bëi wëtic bi kɔc lɔ warwaar.
11) Bëi yë wëtic bi kɔc lɔ warwaar.
12) Biɔny cië wïïk ayen në tɔɔŋ juëc në ye köu.

Meek ku Këŋ ke Jiëëŋ

13) Biöŋ de kuac adhëŋ, ku piɔ̈n de acï dhëŋ.
14) Biöŋ de kuac adhëŋ, ku piɔ̈n de acï dhëŋ.
15) Buuk pieth juëc ke ladhŋany, aa ye ka kɛɛn ke pïïr, aa ce ka dhëëŋ.
16) Buuk pieth juëc ke lath ŋany, aaye ka kɛɛn ke pïïr, aacie kake dhëëŋ.
17) Ca kë jöŋ nin, nin.
18) Ca kë kɔc cië thou thiäk kɔc cië thou.
19) Cääm ë mɛɛnh du apieth ku piɔ̈ɔ̈c cië bë käŋ ŋic.
20) Cäm anɔŋ kaam de, ku jam anɔŋ kaam de.
21) Cäm anɔŋ thaa de, ku jam anɔŋ thaa de.
22) Cam ciëc, ku ka cie rin diny yen, e rin puɔc yen tën yïïn.
23) Cam ciëc, ku ka cie rin diny yen, e rin puɔc yen tën yïïn.
24) Cäm ku luɔɔi aa ruääi.
25) Cämë we alei, ku täu ë nhiëër raan ruääi ke yï.
26) Cäth bääric e rɔt gɔl amääth.
27) Cathë amääth, ku ŋic të leer yïn thïn.
28) Cɔɔr ace ye yic dhuɔ̈k.
29) Cɔk atuel thiɔ̈k ke yï të thiëëk yïn we tik, löɔ̈r ku ŋun akaca.

Meek ku Këŋ ke Jiëëŋ

30) Cɔk e dupiöny de luɔɔi.
31) Cɔk pën wun nyin nïn, ku luui bë miëthde yök.
32) Cɔk raan ater du thiɔ̈k ken në yïïn, awär mäthdu.
33) Cɔk wëndu lɔc tiŋde ku tiëŋ nyaandu monyde.
34) Ceŋdu e ŋïny cië thiaan.
35) Ciɛk ke weŋ cï gon ke ret.
36) Ciën käŋ, pën yï määth.
37) Ciin tök acï rɔt ye maŋ.
38) Cin juëc, aaye kuïn cɔk daak nyin.
39) Cin juëc, aaye luɔɔi cɔk kɔ̈cic.
40) Col ku aŋau acï lëu bï tul tök ke thɔ̈ŋ.
41) Cöök cë rɔt jɔt e dau, ku cöök rëër e miɔɔr.
42) Cuëër adhuëŋ.
43) Cuëër ace cuëër të kuc.
44) Cuëër yen e cuëër dɔm
45) Cuëër yen e cuëër dɔm.
46) Ca kë kɛɛu beer tɔ̈c ku ba bɛɛr thɔ̈ɔ̈r.
47) Dɔ̈ɔ̈r acie bäny pieth ye cɔk cil.
48) Dɔ̈ɔ̈r acie bäny pieth ye cɔk cil.
49) Dɔ̈ɔ̈r baai, e tiëm e rɔt.
50) Dɔ̈ɔ̈r baai, e tiëm e rɔt.
51) Dɔl aŋääŋ acie yuul.

Meek ku Këŋ ke Jiëëŋ

52) Dɔl de aŋääŋ acie yuul.
53) Dɔl e wal pieth de akïm.
54) Dɔl, e wëël pieth de akïm.
55) Dɔm cuëër ku tit rɔt.
56) Dɔm cuëër ku tit rɔt.
57) Dɔm këroor yɔ̈l ago dɔc nɔ̈k.
58) Dëëk ŋääŋ tik në bët.
59) Dëëk ŋääŋ tik në bët.
60) Dhäk aa ye ya dhäk në nyindhia.
61) Dhäk aaye ya dhäk në nyindhia.
62) Dhɔ̈k ye ke wun de moc.
63) Dhɔ̈k, yen ke wun de moc.
64) Dhëëŋ aacie cam.
65) Dhëëŋ acie cam.
66) Dhëëŋ de guɔ̈p, e kɔc dhoom.
67) Dhëëŋ de guɔ̈p, e kɔc dhoom.
68) Dhëëŋ de nyaan pieth acïn nom luɔi, të cïn yen raan nhiaar yeen.
69) Dhëëŋ de nyaan pieth acïn nom luɔi, të cïn yen raan nhiar yeen.
70) Dhöl de pïïr alɔ diɔpdiɔp.
71) Dhuɔ̈k kë raan aterdu alɛɛc.

Meek ku Këŋ ke Jiëëŋ

72) Dï ajïïth ku kuen, ke toŋ kɔ̈k ŋoot göör.
73) Dï ajïïth ku kuen, ke toŋ kën thök në kuëk.
74) Dï diɛɛr të ciɛth yïn amääth, diɛɛrë të këëc yïn të tök.
75) Dï ka ke paan du, leer Jiëëŋ.
76) Dï kiir tem, ke yï kën cop në kiir nom.
77) Dï miëth tɔ̈u në raan dët thok ɣoi, ke yï kën kë tɔ̈u në yï thok liek.
78) Dï miëth tɔ̈u në raan dët thok ɣoi, ke yï kën kë tɔ̈u në yï thok liek.
79) Dï nom mär në kɔc e ke ruɛi yï nhial, luel ye ca ke wuɔ̈ɔ̈r.
80) Dï nom mär në kɔc e ke ruɛi yï nhial, luel ye ca ke wuɔ̈ɔ̈r.
81) Dï pïïr du, gei në raan dët.
82) Dï pïïr du, gei në raan dët.
83) Dï raan dët tɔn, në tiŋ yïn ye tïŋ.
84) Dï raan dët tɔn, në tiŋ yïn ye tïŋ.
85) Dï të lööny yïn thïn tïŋ, tïŋ të e rieth yïn.
86) Dï tiŋ cïn wɛɛr ke ceŋ thiak.
87) Dï toŋku kuen keke kën kuɛk.

Meek ku Këŋ ke Jiëëŋ

2.4 Biäk de ŋuan de këŋ

1) Dï toŋku tëëu akum tökic kedhia.
2) Dï toŋku, tëëu akum tökic.
3) Diɛɛr acïn kë pieth ye bëi.
4) Diɛɛr e raan yiën acuanycuany.
5) Diɛɛrë në nyaandu agut ba dɛŋ.
6) Diɛt thöŋ e nakke, aaye päär në tök.
7) Dïn ajam ku raan nɔŋ adöt apïŋ.
8) Din cië dɔc pääc, yen e käm kuany thok.
9) Din töŋ tɔu në yï cin, awär diɛt tɔu roor ke reu.
10) Din ye cool ke tët ye thok ace ɣön de ye yïk.
11) Dït de piɔu, nyiɛɛi kë duɔ̈ɔ̈n ca yök.
12) Dït ë puɔu ayen ka juëc kɔc riic.
13) Dit ebën e päär në wuɔk ke.
14) Duɔ̈n në aŋäaŋ täu nom, ku duɔ̈n në tɔu we käny de raan kueth.
15) Duɔ̈n në kat ke yï kën cäth piɔ̈ɔ̈c.
16) Duk akɔ̈l cɔk thiith, ke yï göth.
17) Duk akɔ̈l cɔk thiith, ke yï göth.
18) Duk aken wään ci wuur looi ke raan thiëëk week tem kɔu.

Meek ku Këŋ ke Jiëëŋ

19) Duk aken wään cï wuur looi ke raan thiëëk week tem köu.
20) Duk anyaar thär të cïn rel.
21) Duk anyaar thär të cïn rel.
22) Duk ciɛk cië wël wei dhiëu.
23) Duk ciɛk cië wëlwei dhiëu.
24) Duk dhäär të cïn yïn löny, ye dhuɔkpiny ku dhuɔk kë piny.
25) Duk dhäär të cïn yïn löny, ye dhuɔkpiny ku dhuɔk kë piny.
26) Duk jam arët, në kë cï bë looi.
27) Duk jam arët, në kë cï bë looi.
28) Duk jiɛɛk de wänmuuth cɔl ye kë du
29) Duk jiɛɛk de wänmuuth cɔl ye kë du.
30) Duk ka rɛc ku, lɔ guiir në jäŋ nom.
31) Duk ka rɛc ku, lɔ guiir në jäŋ nom.
32) Duk kë loi ye man në päl, agut bë miäk bën.
33) Duk kë loi ye nhiaar në päl, agut bë miäk bën.
34) Duk kë rac cɔk thiɔk ke bäny, yen abïï bäänyde lɔ cök.
35) Duk kë rac cɔk thiɔk në bäny, yen abïï bäänyde lɔ cök.

Meek ku Këŋ ke Jiëëŋ

36) Duk këroor gɔl në näk ke yï kuc të tɔ̈u e nom thïn.
37) Duk köŋ de miöŋ de kiëc rɛc në wët cen në kiëc yï moc.
38) Duk lɔ nin we agɔ̈th.
39) Duk lec ke nyaŋ kuen ke yï cë yï cin tääu në ye thok.
40) Duk mäthdu luup të nɔŋ tiŋde.
41) Duk meth cɔk pol të thiääk ke pïu.
42) Duk nyuɔ̈ɔ̈n cɔk cil në ɣöndu thok.
43) Duk piny de raan dët tuur nyin, atët dë ke yïn löm piny aabɛɛr.
44) Duk pïŋ në yïny tök.
45) Duk raan akeu nom lom në lueth.
46) Duk raan akeu nom, lom në lueth.
47) Duk raan cɔk man raan dɛɛn nhiɛɛr.
48) Duk raan cë thou jiëëm guɔ̈p.
49) Duk raan cië thou jiëëm guɔ̈p.
50) Duk raan ciek cɔk wäŋ yï nyin, luel ye ye dhɔ̈k.
51) Duk raan ciëëm yïïn kac cin.
52) Duk raan ciëëm yïïn, kac cin.
53) Duk raan dët näk abë thou.
54) Duk raan dët näk abë thou.

55) Duk raan du nyoth, aba yï kɔ̈u wel.
56) Duk raan du nyoth, aba yïkɔ̈u wël.
57) Duk raan luup guɔ̈p të nɔŋ tiŋde.
58) Duk raan rɔm week akeu dhëën, e ka wak kïïn.
59) Duk raan rɔm wek akeu dhëën, e ka wak kïïn.
60) Duk raŋ wëc wänmuuth, ke kën ye nom guɔ kan.
61) Duk raŋ wëc wänmuuth, ke kën yenom guɔ kan.
62) Duk riäi dhiäm thar ke yï tɔ̈u në wëër ciɛlic.
63) Duk riäi dhiäm thar, ke yï tɔ̈u në kiir ciɛlic.
64) Duk riɛl abël juëc dhälic.
65) Duk thok cɔk piööc kë lei.
66) Duk thööŋ ye cïn nyaŋ të len në pïu dïu.
67) Duk tim aɲiic këp ke kën në teŋ.
68) Duk wëër them në cök ku kereu man thiëŋ.
69) Duk ye cath we raan kec piɔ̈u ku raan ye piɔ̈u dac riääk.
70) Duk ye ŋaŋ të cïn raan ater du lööny në kë racic, na loi ka ya, ke riääk ayök kï.
71) Duk yï wum teem wei, ago nyin piath.
72) Duk yï wum teem wei, ago nyin piath.
73) Dun de thiäŋ ace köör ye dïlic.
74) Dun de thiäŋ acie köör ye dïlic.

Meek ku Këŋ ke Jiëëŋ

75) Dupiööc e thïïk liep, kuka kɔɔr ba jal lɔ γöt në yïn.
76) Duɔk kë ye piŋ në wël ke diɛt ke akäm yïth.
77) E kë ca puur, yen aye tem.
78) E kë ca tääu në kïnh duyic, yen aye bëëi bei thïn.
79) E kë näk, yen e kat.
80) E leer wut awan.
81) E miɔɔr cïn piɔu yen e piɔu miɛt të leerë yeen të de thiëëk.
82) E raan kuc käŋ yetök, yen aɲic këriëëc.
83) E raan ŋic käŋ ye tök, yen e luŋ rilic luk.
84) E tëët Ayɔɔm, γɔn dhoŋ yen nyaan de kɔ̈u.
85) E wun ŋëër awan
86) Gääu yen aŋuän në kën bën.
87) Galam amoth aka wär theep.
88) Gäm ë jöŋdu rin rac, ku nök abë thou.

2.5 Biäk de dhïc de këŋ

1) Gam kë ca tïŋ.
2) Gäm, yen e tueŋ, alëu bë yïïn cɔk γoc kuur.
3) Gar tök, acï rɔt ye yup.
4) Göc de këriëëc, acïï yic köc.
5) Geer riäi amääth, yen abïn yïn dɔc cop të ler yïn thïn.

Meek ku Këŋ ke Jiëëŋ

6) Ɣɛn cë gëm cin, në mën kɔ̈u.
7) Göl de kë dë akɔ̈c, ku lɔ tueŋ arilic.
8) Göl de nhiëër apac.
9) Göl de nhiëër apac.
10) Ɣön cië ye yic tek, e wïïk.
11) Ɣön cië yic tek, e wïïk.
12) Ɣön de ajiëëm, e kuëër.
13) ɣön de ajiëëm, e kuëër.
14) ɣön koor ayen në mëëth juëc nin thïn ke ke mit piɔ̈ɔ̈th.
15) Ɣön koor ayen në mëëth juëc nin thïn keke mit piɔ̈ɔ̈th.
16) Ɣön ye teer ke rɔt e wïïk.
17) Ɣöt ace kɔ̈ɔ̈c në tiɔp nom, e kɔ̈ɔ̈c në tik.
18) Ɣöt ace pöl në yïk të cen agɔɔt kɔ̈u dhuɔɔŋ.
19) Ɣöt acie yïk në kööl tök.
20) Ɣöt acie yïk në kööl tök.
21) Jam akɔ̈cic ku luɔɔi arilic.
22) Jam cinic luɔi, e ŋɔ̈ɔ̈ŋ bëi në kɔc gup.
23) Jɔŋ ŋic, awär jɔŋ kuc.
24) Jiɛɛk amoth, aka wär tɔŋ ye yam.
25) Jiɛɛk awär ŋïc.

Meek ku Këŋ ke Jiëëŋ

26) Jiɛɛk aye meth yök tën wun, kuke adöt yen e yï cɔk yök tiŋ pieth.
27) Jiɛɛk e thök të looi yë yeen, ku nyic e ye yic juak të looi yë yeen.
28) Jiɛɛk ye yök në ruëëny, e guɔ määr cië ruu ku luɔide e thou yen aye gut.
29) Jiɛɛk, awëër ŋïc.
30) Jö acï yuɔɔm nhiaar, na yïen në rïŋ keka cuet.
31) Jö ebën anɔŋ köölde.
32) Jö, yen aŋic të cuet yen yuɔɔm thïn.
33) Jöŋ cië biök acie kac.
34) Juëc acath kë tiëm.
35) Juëc de kɔc ayen në bäny theek, ku bäny de kɔc lik acï wuɔtdït ye theek.
36) Kake ruääi, boom e ke jö.
37) Ka baai, kum nhiëër ke.
38) Ka col ke reu, acï lëu bïkë këyer bëi.
39) Ka lik keka ye piɔ̈ɔ̈c në tiëmic, ku na cië yï tiaam, ke yïn piööc ka juëc.
40) Ka pieth në pïïric aa cie ke yök të cïn tuc.
41) Ka rac ke reu aa cïï lëu bïkë kë pieth bëi.

Meek ku Këŋ ke Jiëëŋ

42) Kaam thiin cen në agɔɔk piɔ̈th kɔ̈u alath acï lëu bë ye cɔk cäm ke kɔc.
43) Kake gäi aa cie thök.
44) Kake pinyë, kuc pinyë ke.
45) Kakï, aa cie kake Makuac Ajak.
46) Käthë në cöökduɔ̈ɔ̈n de cuëc.
47) Kɔc cë röth në ya akäl keka nɔŋ miäk.
48) Kɔc cië dïn ku ajɔ̈ŋkɔ̈ɔ̈r keka ye luui arët.
49) Kɔc cië thou, aa cie bɛɛr lɔ dhuk.
50) Kɔc cïn kë cï kë piɔ̈ɔ̈c në pawɛɛric, aa ye pawɛɛr bɛɛr cɔk lɔ dhuk.
51) Kɔ̈c de puɔ̈u e yïn cɔl ye alony.
52) Kɔc kor nïïm, aa ye piɔ̈ɔ̈th riääk në kë lɔ yäŋ.
53) Kɔc ŋic käŋ aa ye këŋ cak, bïk kek ke kɔc kuc käŋ piɔ̈ɔ̈c.
54) Kɔc pieth aa ye thou keke kor.
55) Kɔc ruääi dhɛl pɔ̈k ke.
56) Kɔc ruääi keka ye röth caath.
57) Kɔc tɔ̈u ɣön de nëën, aa cie biök në kɔi.
58) Kɔc ye karac nhiëër kɔc kɔ̈k, piathden anɔŋ kuith.
59) Kɔc ye kɔc wet nyïn në katic aa cie tiëm.
60) Kɔc ye tiëm në katic, aa cie dhuum.

Meek ku Këŋ ke Jiëëŋ

61) Kɔc ye tïït, aa ye këpieth yök.
62) Kɔɔi ace kuëër në rim.
63) Kɔ̈m yiën abë daai ku kɔ̈m nin abë piŋ.
64) Kɔn domdu yep, ku ba baai jal keeric.
65) Kɔn të cï raan tëëk, tëëk, ku ba jal luk.
66) Kɔryɔɔm aa ye cath e yööm, ku ka cïn yiic bäny.
67) Kë ca gam e yï mɔ̈ɔ̈r wëi.
68) Kë ca gam në piɔn pieth aye yök na thiëër.
69) Ke ca piɔ̈ɔ̈c, thiäk ke yï.
70) Kë cië lɔ, e kë cië lɔ.
71) Kë cië piɛɛr nhial, e dhuk piny.
72) Kë cië riääk, e kë cië riääk.
73) Kë de raan dët, cïi yï cuai.
74) Kë göör, acie ye yök në nyindhia.
75) Kë kën në nyin tïŋ, aye piɔu tïŋ.
76) Kë kën yï nyaai wëi, e yï piɔ̈ɔ̈c.
77) Kë lei cïn yïyäc ruaar.
78) Kë lëu bë pïïrdu waar, acie cool ke nem yïn.
79) Kë lueel mäthdu gɛm kɔc juëc.
80) Kë nhiaar, ayïn ka juëc gam.
81) Kë pieth e rɔt luɛɛl ye tök, ku kërac aa ye luɛɛl bii.
82) Kë pieth ebën, anɔŋ thökde.

Meek ku Këŋ ke Jiëëŋ

83) Kë pieth ke ŋun ajïth, apieth ke thɔn ajïth
84) Kë rac yen e kueŋ në yic.
85) Kë rac, e dupiööc.
86) Kë rɛɛc luië mäth, e yï piɔ̈ɔ̈c të nɔŋ yïn adöt.
87) Kë rɛɛcdu, e kë pieth de raan dët.
88) Kë riäk ebën, acïn aguiɛɛr kɔɔr.
89) Kë tɔ̈u në raan piɔu, aye tïŋ në ye nyin.

2.6 Biäk de dhetem de këŋ

1) Kë tɔ̈u në yï gëm yen e këdu.
2) Kë tɛk nhiamdu, tïŋ nyiɛn du.
3) Kë thiin tɔ̈u, acï kït kekë dïït liu.
4) Ke tïŋ raan dït ke rëër tïŋ meth ke kääc
5) Kë tïŋ raan dït ke rëër, aye meth tïŋ ke cië lɔ në tim nom.
6) Kë tïŋ raan dït ke rëër, tïŋ meth në tim nom.
7) Kë tueŋ, tueeŋ.
8) Kë ye rɔt wïïc, e bɛɛr lɔ dhuk.
9) Kë ye yök abac, e lɔ ke tëk.
10) Ke ye yök ke cïn tuc, e dac jäl.
11) Kɛc de piɔu ku miɔ̈ɔ̈l athiääk.
12) Kiir anɔŋ të dɛɛn yen në pïu ke röth jɔt thïn.

Meek ku Këŋ ke Jiëëŋ

13) Kööl e tëëk e lip.
14) Kööl tök awär pɛɛi.
15) Köör cië dhiɔp kuka cië niööp e cam agueek.
16) Köör cië niööp e cam në käm.
17) Köör e rɔt kuath në luaŋ.
18) Köör e rɔt tiit në luaŋ.
19) Köör nin, ace rïŋ ye yök.
20) Kuac acï lëu bë kïnde waar.
21) Kuany kueeric të cɔk yen lɔ diɔpdiɔp.
22) Kuɔ̈i thiëëk aŋuëën në thou.
23) Kuëëŋ e lueth, e wun dhuɔ̈k.
24) Kueer de pïïr acï lɔ cök.
25) Kueer de pïïr, acï yic läk.
26) Kuëi e göör nhial të mec arët kuke lɔ dhuk piny bë bën göör në mïëth.
27) Kuënh lɔ në riääkic alääu yic.
28) Kuɛɛr juëc aa ye lɔ në kuur nom, ku kuur e thöŋ në tïŋ.
29) Kuɛɛr kedhia aa ye lɔ baai.
30) Kuɛth cuëny jöŋ.
31) Kuɛth yök në ruëëny, acï mec ke ater.
32) Kuïn tɔ̈u në yïthok, acie kë du.

Meek ku Kɛ̈ŋ ke Jiëëŋ

33) Kuir de wä nɔŋ lɔ ɣöt, ku bën bei e këdï.
34) Lɔ nin aba yɔ̈l cuaar të lueel e monydët ye bï yï nɔ̈k të cïn nin, ku na lueel tik ke yï duk kɔn nin.
35) Lɔ̈ɔ̈nyë në diäk ku jɔt rɔt në ŋuan.
36) Lec acï ŋɔ̈ɔ̈ŋ ye tïŋ.
37) Lec de nom yen e kɔn bën në wïïk.
38) Lɛc ke thök aye duɛɛt në yï cök.
39) Lɛɛrë bith Jiëëŋ.
40) Lĕk kë ɣa mäthdu, ku acëŋdu aba lueel.
41) Liek tuk aköt, të nɔŋ yen të ben bën bei.
42) Liep cuëny roor.
43) Liep, bil kë lëth.
44) Liɛɛr de piɔ̈u acie rɔ̈m kenë cuëër, ŋɛk rot ku ŋɛk rot.
45) Liny e köör diŋ guɔ̈p, acie köör yen ye liny diŋ guɔ̈p.
46) Loi kë ca lĕk yï, dï lui në lon yan luui.
47) Loi kë roor, kukë baai aba yɔ̈k ciɛ̈ɛ̈n.
48) Loi kë ye piɔ̈c kɔc.
49) Löŋ tök ke kɔc cë kuɛth, ku löŋ tök ke aŋɛ̈ɛ̈ŋ.
50) Luaŋ cie jɔ̈ɔ̈ny aye thiɔ̈k ke raan.
51) Luaŋ tök cï kït ke akëdim.

Meek ku Këŋ ke Jiëëŋ

52) Luaŋ tök cïï thoŋ ke akidim.
53) Luɔɔi ace kɔc ye nɔ̈k, e diɛɛr yen e kɔc nɔ̈k.
54) Luɔɔi e luɔɔi, acïnic riɔ̈ɔ̈c de guɔ̈p.
55) Luɔɔi, awär jam de liep abac.
56) Luɔi ace pɔ̈k ke jiɛɛk, aaye cath e tök.
57) Luɔ̈i yië kɔc kɔ̈k, kë ye nhiaar bï kë luɔ̈i yï.
58) Lueth ace puɔ̈k ke ka rac.
59) Määr, e yï nyuɔ̈th kueer.
60) Määth awär ruääi.
61) Mät e riɛl, ku tëŋ de yic e wïïk.
62) Mäth aye lɔc, ku paandun ace ye lɔc.
63) Mäth duɔ̈ɔ̈n thiɔ̈k, alëu bï ya raan duɔ̈ɔ̈n de ater thiɔ̈k.
64) Mäth rac, gël mëëth kuɔ̈ɔ̈n pieth wei.
65) Mäth ye yï gɔ̈k, yen anhiaar yïïn.
66) Mäth, e raan ram we kueer.
67) Meth e mol, ago kɔ̈ɔ̈c ŋic.
68) Meth e pol në thin ke man kuka cï ka wun ye gɔɔt.
69) Meth, e kë de raan ebën.
70) Meth, e miɔ̈c de pïïr.
71) Meth, lɛɛrë bith jiëëŋ.
72) Meth, piɔ̈ɔ̈cië raan ebën.

Meek ku Këŋ ke Jiëëŋ

73) Mëtil ace dɔl aköl në kë pɔth.
74) Mɛɛnh cië wëët de wun piŋ, acïï wun ye diɛɛr.
75) Mɛɛnh de col e col.
76) Mɛɛnh de këpiny e këpiny.
77) Mɛɛnh de këroor, e këroor.
78) Mɛɛnh de nyaŋ ace dhiaau, të cen lööny në pïu yiic.
79) Mɛɛnh de raan ye këët në war, e cath ke cïn cök war.
80) Mɛɛnh de yïk, e nin ke cɔk.
81) Mɛɛnh kën në dhiëëth ace cäk.
82) Mɛɛnh kën në dhiëëth acie cäk.
83) Mɛɛnh rɛɛc du, cï wɛɛr në mɛɛnh pieth de raan dët.
84) Mɛɛnh ye wïc e diäär, e ŋɔ̈ɔ̈ŋ yen aye bëi tën wun.
85) Mɛɛnh ye wun ku man dhɔl gup, ebën ya miëth e dit.
86) Mëëth ke mëëth ku, aye mëëth ku aya.
87) Mëëth nhiaar röt, cam kë miëth piɔ̈l keke dal ku mit kë piɔ̈ɔ̈th.
88) Mɛnh cïn puɔu acë wël ke wun ye gam, ku mɛnh ye wël ke wun muk nhïïm aŋic käŋ.

2.7 Biäk de dhorou de këŋ

Meek ku Këŋ ke Jiëëŋ

1) Miäk acï bë bën.
2) Miäk e kööl dë.
3) Miɔ̈c awär lööm.
4) Miɔ̈c de kɔc aye gɔl baai.
5) Miɔ̈c e kede Nhialic.
6) Miɔɔr käm rap ace duut thok.
7) Miëth cam ne dhöl de ruëëny e miɛt, ku na miäk ke beer ciët liɛɛt tɔ̈u në nyinyiic.
8) Miök ku pïu acie mat.
9) Miöŋ de kiëc acie rum ke cïn mac.
10) Mïth aye ke tïŋ, acie piŋ.
11) Mïth ke dit aa cïe cuic keke kën man piŋ röl.
12) Mïth ku diën, aaye yith lueel në nyindhia.
13) Mïth ku, ku tiŋdu keka ye tueŋ.
14) Monyde baai, yen e kë loi rɔt baai jal ŋic ciëën.
15) Muɔ̈k kë yï cin thïn, lueel Col e Muɔɔŋ.
16) Muɔ̈nyë yï yic alei.
17) Na aŋuem cak gääu ye dï, keka ŋot keke tɔ̈u ciëën.
18) Na bɔ̈ rëc bei wïïr ku bɔ̈ ku lueel ye nyaŋ abec keka cïn raan luäŋ bë ye dhɔ̈l.
19) Na ca domdu puur të mec ke baai, ke ka ye diɛt cam.

Meek ku Këŋ ke Jiëëŋ

20) Na cam kë de raan dët, kekë du abï raan dët cam.
21) Na cë dhiëër yï nyuɔ̈c të de wëi ke yïn ŋic kueer bïn ye nyaai ke cïn tɔŋ.
22) Na cë käŋ yiic riɛl, ke kɔc ril keka ye ŋot ke lɔ.
23) Na cë kɔc cïn adöt pol ŋic, ke kɔc nɔŋ adöt acë puɔ̈k.
24) Na cë mei ke tim lɔ piny, keyï duk diɛɛr në yom dït.
25) Na cë mei ke tim riau, ke tim acië thou.
26) Na cë mei ke tim thou ke kër acï dɔ̈ŋ.
27) Na cë ŋïny adöt thok guut, ke lec de nom agöl.
28) Na cï jam de yith yï luäk, ke tör de lueth acï yï kony.
29) Na cï keny të mec, ke yïn thiak nyankuui.
30) Na cï rɔt guiir, ke yïn guiir rɔt ba löny.
31) Na cï ril, ke yï dï kë thiek jɔt.
32) Na ciëëm raan yïïn, ke yïn ye aluaŋde.
33) Na cïï ke tiam, ke yï mät të we ke.
34) Na cïï tik yï nhiaar, keke yï cɔl wën kën në.
35) Na cïn cuɔl, ke ka cïn raan ŋïc piath de ɣɛɛr.
36) Na cïn raan ater rëër ke yï ɣööt ke raan ater bii acï yï tiam.
37) Na cïn röl wël pieth ke yï dï raan dët jiëëm.

Meek ku Këŋ ke Jiëëŋ

38) Na cïn tɔŋ, ke köt acïn luɔɔi
39) Na cïn tëtök në yïin, keka cïn kë yök
40) Na cïn thuɔɔu, ke piath de pïïr acïn raan ŋicie.
41) Na cop bial ke reu keka cïn töŋ de kek dɔm.
42) Na dɔl riëc aŋau guɔ̈p keka thiɔ̈k ke tul.
43) Na ɣääc cë toŋ, ke yï dï diër.
44) Na göör ba dac lɔ ke yï cathë yïtök, ku na göör ba lɔ të mec ke yï rɔm dhöl we kɔc kɔ̈k.
45) Na göör gɔt bë ajïïth ŋɔ̈ɔ̈r ke ye bäny, ke ka kɔɔr bï awan ya tiit.
46) Na kac jö yï, keka cï luel ye cïn thok lec.
47) Na kɔɔr ba kuur wɛt piny, ke gɔl ne kɔi.
48) Na kɔɔr bë kë dë looi adik, ke loi në yïn.
49) Na kɔɔr lec bär ke them ba naŋ thoŋ bë ke kum.
50) Na kɔɔr luaŋ në kuïn du yic, ke yïn cië kuɛth.
51) Na kën dhuɔɔŋ, ke duk thëk.
52) Na kën në keny të mec ke yïn thiak nyankuui
53) Na kën në wëër teem ke yï duk raan mɔu dɔl.
54) Na kuc të leer yïn thïn, ke kuɛɛr ebën alëu bï kï yï lɛɛr.
55) Na lam raan wun ke man, ke mac acï kɔn dëp paande.

Meek ku Këŋ ke Jiëëŋ

56) Na lɔ nin ke yï kuuk thar, ke yïn bë pääc ke yï ŋuäc cin.
57) Na lɔ nyin nieu ke nɔŋ mɛɛnh cï dhiëëth
58) Na lɔ nyin niɛu ke nɔŋ raan cië thou.
59) Na lɔ tueŋ, cän, cam ku cuëc, ke paandun yen ka pieth.
60) Na lɔ war në yï cök, keke ceŋke.
61) Na liu aŋau, ke col apol ke lääu.
62) Na lueel akɔ̈l ye wëër pɛɛi në ruɛl, ke cɔk ruel wakɔ̈u.
63) Na luel ye kuɔɔrë aka cïn kë lëu, ke yïn kɔn nin we dhiëër.
64) Na man kɔc kɔ̈k, ke yïn man rɔt.
65) Na näk kë röth we wänmuuth ke alei alɔ ɣöt në ka kun.
66) Na näk kë röth we wänmuuth, ke alei atït ke mit piɔ̈u bë lɔ ɣöt në kakun.
67) Na nɔŋ të na dë ke liëk aliëk tɔŋ keka dhil bën bei.
68) Na nhiaar pɛɛi yïïn, ke yï duk diɛɛr në kuɛl.
69) Na nin we tiŋ de raan dë, ke yïn kääc në macic.
70) Na nyoth pɛɛi nhial, keke yï cin yen aye tïŋ.
71) Na ŋic këriëëc, ke ka cïn kë ŋic.

Meek ku Këŋ ke Jiëëŋ

72) Na piɔ̈ɔc cië dhɔ̈k ke yïn cë raan tök piɔ̈ɔc, ku na piɔ̈ɔc cië nya ke yïn cië baai piɔ̈ɔc.
73) Na rac, ke dhil them ba ya dier apieth ku nhiëërë.
74) Na rɔ̈ŋ ajɔt në yïnom, ke ceŋ.
75) Na tɔ̈u në pïu yiic, ke yï dï rëëc de nyaŋ guiir
76) Na tɔ̈u në wëëric, ke yï gɔl kat amääth ku yïn bë tiam.
77) Na tɔ̈u pïïr, ke ŋäth atɔ̈u.
78) Na tɔ̈u tooc, ke yï ye luui cë kɔc tooc.
79) Na tɛm kë kiir në tök, ke nyaŋ acïï we cam.
80) Na thɔ̈ɔ̈ŋë cäth de wuur, ke yïn ye cath cië yeen.
81) Na thiak agɔɔk në jiɛɛk tɔ̈u ke ye, ke jiɛɛk ajiël ku agɔɔk adɔ̈ŋ.
82) Na ye agɔɔk cool ke thööŋ kë looi kɔc kɔ̈k, ke ka bë ye röl dhiɛɛl në tɛ̈m akäl tök.
83) Na ye ca yök, ke ye yeŋö ye mäc weŋ.
84) Na ye cam yïtök, ke yïn cï miɛt de kuïn guiiric we kɔc kɔ̈k.
85) Na ye cath ke cuäär ke yïn wïc rɔt ater, ku yïn bï tɛ̈m awuɔ̈c të cï yïn yic luel në lukic.
86) Na ye cath ke yïn lëu ba dier, na ye jam ke yïn lëu ba ket.

Meek ku Këŋ ke Jiëëŋ

87) Na ye cool ke loi, keka ŋic.
88) Na ye jiɛɛm ka nhiam, ke yïn rɛc rot yï tök.

2.8 Biäk de bët de këŋ

1) Miäk acï bë bën.
2) Miäk e kööl dë.
3) Miɔ̈c awär lööm.
4) Miɔ̈c de kɔc aye gɔl baai.
5) Miɔ̈c e kede Nhialic.
6) Miɔɔr käm rap ace duut thok.
7) Miëth cam ne dhöl de ruëëny e miɛt, ku na miäk ke beer ciët liɛɛt tɔ̈u në nyinyiic.
8) Miök ku pïu acie mat.
9) Miöŋ de kiëc acie rum ke cïn mac.
10) Mïth aye ke tïŋ, acie piŋ.
11) Mïth ke dit aa cïe cuic keke kën man piŋ röl.
12) Mïth ku diën, aaye yith lueel në nyindhia.
13) Mïth ku, ku tiŋdu keka ye tueŋ.
14) Monyde baai, yen e kë loi rɔt baai jal ŋic ciëën.
15) Muɔ̈k kë yï cin thïn, lueel Col e Muɔɔŋ.

Meek ku Kɛ̈ŋ ke Jiëëŋ

16) Muɔ̈nyë yï yic alei.
17) Na aŋuem cak gääu ye dï, keka ŋot keke töu ciëën.
18) Na bɔ̈ rëc bei wïïr ku bɔ̈ ku lueel ye nyaŋ abec keka cïn raan luäŋ bë ye dhɔ̈l.
19) Na ca domdu puur të mec ke baai, ke ka ye diɛt cam.
20) Na cam kë de raan dët, kekë du abï raan dët cam.
21) Na cë dhiëër yï nyuɔ̈c të de wëi ke yïn ŋic kueer bïn ye nyaai ke cïn tɔŋ.
22) Na cë käŋ yiic riɛl, ke kɔc ril keka ye ŋot ke lɔ.
23) Na cë kɔc cïn adöt pol ŋic, ke kɔc nɔŋ adöt acë puɔ̈k.
24) Na cë mei ke tim lɔ piny, keyï duk diɛɛr në yom dït.
25) Na cë mei ke tim riau, ke tim acië thou.
26) Na cë mei ke tim thou ke kër acï dɔ̈ŋ.
27) Na cë ŋïny adöt thok guut, ke lec de nom agöl.
28) Na cï jam de yith yï luäk, ke tör de lueth acï yï kony.
29) Na cï keny të mec, ke yïn thiak nyankuui.
30) Na cï rɔt guiir, ke yïn guiir rɔt ba löny.
31) Na cï ril, ke yï dï kë thiek jɔt.
32) Na ciëëm raan yïïn, ke yïn ye aluaŋde.

Meek ku Këŋ ke Jiëëŋ

33) Na cïï ke tiam, ke yï mät të we ke.
34) Na cïï tik yï nhiaar, keke yï cɔl wën kën në.
35) Na cïn cuɔl, ke ka cïn raan ŋïc piath de ɣɛɛr.
36) Na cïn raan ater rëër ke yï ɣööt ke raan ater bii acï yï tiam.
37) Na cïn röl wël pieth, ke yï dï raan dët jiëëm.
38) Na cïn tɔŋ, ke köt acïn luɔɔi
39) Na cïn tëtök në yïïn, keka cïn kë yök
40) Na cïn thuɔɔu, ke piath de pïïr acïn raan ŋicie.
41) Na cop bial ke reu keka cïn töŋ de kek dɔm.
42) Na dɔl riëc aŋau guöp keka thiɔ̈k ke tul.
43) Na ɣääc cë toŋ, ke yï dï diër.
44) Na göör ba dac lɔ ke yï cathë yïtök, ku na göör ba lɔ të mec ke yï rɔm dhöl we kɔc kɔ̈k.
45) Na göör gɔt bë ajïïth ŋɔ̈ɔ̈r ke ye bäny, ke ka kɔɔr bï awan ya tiit.
46) Na kac jö yï, keka cï luel ye cïn thok lec.
47) Na kɔɔr ba kuur wɛt piny, ke gɔl ne kɔi.
48) Na kɔɔr bë kë dë looi adik, ke loi në yïn.
49) Na kɔɔr lec bär ke them ba naŋ thoŋ bë ke kum.
50) Na kɔɔr luaŋ në kuïn du yic, ke yïn cië kuɛth.
51) Na kën dhuɔɔŋ, ke duk thëk.

Meek ku Këŋ ke Jiëëŋ

33) Na cïï ke tiam, ke yï mät të we ke.
34) Na cïï tik yï nhiaar, keke yï cɔl wën kën në.
35) Na cïn cuɔl, ke ka cïn raan ŋïc piath de ɣɛɛr.
36) Na cïn raan ater rëër ke yï ɣööt ke raan ater bii acï yï tiam.
37) Na cïn röl wël pieth, ke yï dï raan dët jiëëm.
38) Na cïn tɔŋ, ke köt acïn luɔɔi
39) Na cïn tëtök në yïïn, keka cïn kë yök
40) Na cïn thuɔɔu, ke piath de pïïr acïn raan ŋicie.
41) Na cop bial ke reu keka cïn töŋ de kek dɔm.
42) Na dɔl riëc aŋau guɔ̈p keka thiɔ̈k ke tul.
43) Na ɣääc cë toŋ, ke yï dï diër.
44) Na göör ba dac lɔ ke yï cathë yïtök, ku na göör ba lɔ të mec ke yï rɔm dhöl we kɔc kɔ̈k.
45) Na göör gɔt bë ajïïth ŋɔ̈ɔ̈r ke ye bäny, ke ka kɔɔr bï awan ya tiit.
46) Na kac jö yï, keka cï luel ye cïn thok lec.
47) Na kɔɔr ba kuur wɛt piny, ke gɔl ne kɔi.
48) Na kɔɔr bë kë dë looi adik, ke loi në yïn.
49) Na kɔɔr lec bär ke them ba naŋ thoŋ bë ke kum.
50) Na kɔɔr luaŋ në kuïn du yic, ke yïn cië kuɛth.
51) Na kën dhuɔɔŋ, ke duk thëk.

Meek ku Këŋ ke Jiëëŋ

66) Na näk kë röth we wänmuuth, ke alei atït ke mit piɔ̈u bë lɔ ɣöt në kakun.
67) Na nɔŋ të na dë ke liëk aliëk tɔŋ keka dhil bën bei.
68) Na nhiaar pɛɛi yïïn, ke yï duk diɛɛr në kuɛl.
69) Na nin we tiŋ de raan dë, ke yïn kääc në macic.
70) Na nyoth pɛɛi nhial, keke yï cin yen aye tïŋ.
71) Na ŋic këriëëc, ke ka cïn kë ŋic.
72) Na piɔ̈ɔ̈c cië dhɔ̈k ke yïn cë raan tök piɔ̈ɔ̈c, ku na piɔ̈ɔ̈c cië nya ke yïn cië baai piɔ̈ɔ̈c.
73) Na rac, ke dhil them ba ya dier apieth ku nhiëërë.
74) Na rɔ̈ŋ ajɔt në yïnom, ke ceŋ.
75) Na tɔ̈u në pïu yiic, ke yï dï rëëc de nyaŋ guiir
76) Na tɔ̈u në wëëric, ke yï gɔl kat amääth ku yïn bë tiam.
77) Na tɔ̈u pïïr, ke ŋäth atɔ̈u.
78) Na tɔ̈u tooc, ke yï ye luui cë kɔc tooc.
79) Na tɛm kë kiir në tök, ke nyaŋ acïï we cam.
80) Na thɔ̈ɔ̈ŋë cäth de wuur, ke yïn ye cath cië yeen.
81) Na thiak agɔɔk në jiɛɛk tɔ̈u ke ye, ke jiɛɛk ajiël ku agɔɔk adɔ̈ŋ.
82) Na ye agɔɔk cool ke thöäŋ kë looi kɔc kɔ̈k, ke ka bë ye röl dhiɛɛl në tɛm akäl tök.

Meek ku Këŋ ke Jiëëŋ

83) Na ye ca yök, ke ye yeŋö ye mäc weŋ.

84) Na ye cam yïtök, ke yïn cï miɛt de kuïn guiiric we kɔc kɔ̈k.

85) Na ye cath ke cuäär ke yïn wïc rɔt ater, ku yïn bï tëm awuɔ̈c të cï yïn yic luel në lukic.

86) Na ye cath ke yïn lëu ba dier, na ye jam ke yïn lëu ba ket.

87) Na ye cool ke loi, keka ŋic.

88) Na ye jiɛɛm ka nhiam, ke yïn rɛc rot yï tök.

2.9 Biäk de dhoŋuan de këŋ

1) Na ye kë puɔth cï raan luɔ̈i yï cool në kërac, keka rac acïï bë kan jäl paandu.

2) Na ye riɔ̈ɔ̈c në kë ba looi, keka cïn kë lëu në luɔi

3) Na yiën në raan rëc, keka cuet në kööl tök, ku na piɔ̈ɔ̈cë në dëp, keka bë rɛc cuet agut cë thök de pïïr de në piny nom

4) Nak tɔ̈u në thɔn ajïth thar adhëŋ, kuka tɔ̈u ciëën

5) Në kɛɛu beer töc, ku ba bɛɛr thɔ̈ɔ̈r man ba wuɔ̈ɔ̈c.

6) Në mony ril kɔ̈u ebën, ke tiŋ ril atɔ̈u.

7) Në tiŋ ril kɔ̈u ebën, ke mony ril atɔ̈u.

Meek ku Këŋ ke Jiëëŋ

8) Nem të göörë diɛt thïn.
9) Nhiaam acï töu në kën lönyïc, atöu të yïn rɔt jɔt të cïn löny.
10) Nhiaar raan thiääk ke yï, cië man de yïn guöp.
11) Nhialic cɔk ya bec ba raan ye raan dï tïŋ.
12) Nhialic cɔk ya bec, ba raan ye raan dï tïŋ.
13) Nhialic e kɔc kony, ku du diër we köör.
14) Nhialic, e kɔc ye rödh kony kuɔny.
15) Nhiëër ace pök ke döör, acath në tök.
16) Nhiëër ace piŋ anäi.
17) Nhiëër akïm.
18) Nhiëër de mëlëk acï rac, ku ka pieth bë ya Mëlëk, yen nhiaar yïïn.
19) Nhiëër e cɔɔr.
20) Nhiëër e miŋ kuke cɔɔr?
21) Nhiëër e piny cɔk wïc root
22) Niɛɛn në we jö, ku yïn bë pääc we liny.
23) Nïïm ke reu, awär nom tök.
24) Nïïm nɔŋ adöt aa ye tak keke thöŋ.
25) Nom ye tak, acït gut cï täu yic miök.
26) Nya aye cam köu cië wëër.
27) Nya ku toc

Meek ku Këŋ ke Jiëëŋ

28) Nya yen ke man de tik.
29) Nyaan kuc käŋ, e man piɔ̈ɔ̈th në muŋ de meth.
30) Nyiɛc luɔɔi, yen e raan juak.
31) Nyïïr ka agɔk anɔŋ nyïïr kɛɛn dhëŋ.
32) Nyïïr, lek kë buɔ̈n tök.
33) Nyin acïn thïn.
34) Nyin de ŋaap dhëŋ, alëu bë yic naŋ kɔ̈m.
35) Nyin du në dhiɔ̈ɔ̈pic e nyin duɔ̈ɔ̈n de jɔ̈ɔ̈t nyuɔɔth.
36) Nyin ke nyin, alëu bë kë wɔ cɔk ye cöör.
37) Nyïn ke tim aacie löny ke pëi në tim nom.
38) Nyïn ke tim aacie löörny të mec ke tim.
39) Nyin pieth de ŋaap alëu bë yic naŋ kɔ̈m.
40) Ŋäth kë pieth bë bën, ku juiir rɔt në kë rɛɛc bɔ̈ tueŋ.
41) Ŋɔ̈ɔ̈ŋ e luɛɛk
42) Ŋeeny de nyɔŋ de thɔ̈k acïï lëu bë ye pëën bë cuɔ̈k lɔ ɣaac.
43) Ŋeth e raan pok ye thiɔ̈ɔ̈ŋ nyin aya.
44) Ŋɛk abë jal dhuel në gɔ̈ŋde cök në rɔt.
45) Ŋïc ace këde kööl tök.
46) Ŋïc acï yic piɔl në yök.
47) Ŋïc e riɛl.
48) Ŋïny adöt aliu të liiu areec wël.

49) D̈iny cïn adön de piɔu acït pïu cäp në liɛɛtic.
50) D̈iny cïn adön de piɔu, acït pïu cäp në liɛɛtic.
51) D̈iny de käŋ, aye gɔl baai.
52) D̈iny de käŋ, ayen në raan paande ŋiëc looi apuɔth, kuka yen baai kɔ̈ɔ̈c.
53) D̈iny koor, arac.
54) Paan cïn në piath rekic thïn, acït ɣön wɛc në kuuric.
55) Paan tök, ciëm aduŋ tök.
56) Päl ë raan awänyde, ku määr nom në ye.
57) Pälë kë rɛɛc cï raan luɔi yïn piny, e Nhialic yen abï ye guɔ̈ɔ̈r tën yïn.
58) Päny anɔŋ yïth.
59) Peeth ace pɔ̈k ke tiɛɛl.
60) Pëi acie wil keke thöŋ
61) Pɛl ŋic yuɔɔm.
62) Piath de pïïr aye jal deetic ke yï cen në run ku juëc.
63) Piɔ̈ɔ̈l de guɔ̈p de mɛɛnh abaar: na kën piny keka luel ya cool cin, na piny keka luel ya pool në pïu.
64) Piɔ̈n de moc, atɔ̈u në ye yäc.
65) Piɔ̈n de nhiëër, ace nin.
66) Piɔ̈n ye guɔ lɔ ŋop ace pɔ̈k ke nhom cë thatic.
67) Piɔu dhuɔ̈k kë rɔt atuur.

Meek ku Këŋ ke Jiëëŋ

68) Piou e tou baai.
69) Piou ke wun.
70) Piëërë në ye kööl, miäk acï së bën.
71) Pïïrdu, e kë ca looi.
72) Piny ace dac bak aköl e kërac, ku miɛt de puɔu aciët aköl de yai.
73) Piny acë yal në tui de raan, akën yal në rim ke mëtiir.
74) Piny e këde tik
75) Pinynom, acï pieth.
76) Puur e cieth.
77) Raan ace jɔɔ̈ny ke lɔ.
78) Raan ace leec ke pïïr.
79) Raan ater pel nom yel aŋuän në mäth cë bäl.
80) Raan aye ŋic në mëëthke.
81) Raan cë bën tueŋ, yen në kee kë dë dac yök.
82) Raan ce guɔp ye riɔɔc e kë cë tak looi.
83) Raan ce kë rac ye kuëëny nhom, e yuäk ci man e tim cë cil në wëër yɔu.
84) Raan ce piŋ në kë de raan dë, akuc käŋ.
85) Raan ce puɔu e dac thöök e käŋ deetiic, ku raan ye puɔu guɔ thöök ekë deen kuc guɔ cɔl aŋic.

Meek ku Këŋ ke Jiëëŋ

86) Raan ce puɔ̈u ye lac thöök, aŋuëën tën raan ril ye këëc ye dɔm në riɛl.

87) Raan cë tiŋ dhëŋ thiaak, athöŋ ke manga cë luɔk në dhöl ŋeep.

88) Raan ce tueŋ ye γoi, e döŋ wei.

2.10 Biäk de thiëër de këŋ

1) Raan ceŋ wɛr pieth ace diɛɛr në kuɔɔth.
2) Raan cï anëi kuet, ace dɔc thou
3) Raan cï luk kan ŋaany, yen aye yök cït yen nɔŋ yic, kuka cïn raan ye tëm awuɔc ke kën jam.
4) Raan cï rɔt ye duut, acït γön cïn thok athïn.
5) Raan cï rɔt ye gäm awuɔ̈c cë looi ace lɔ tueŋ.
6) Raan cïn mäth, aŋääŋ.
7) Raan cïn nhom, ace puɔ̈u ye miɛt në kë lueel raan dɛ̈t, aye yök cië kë yeen nɔŋ nhom.
8) Raan dhäl kɔc gup, e ŋiëëc de käŋ kɔɔr kuka cï ye yök.
9) Raan dït puɔ̈u, aye puɔ̈n dït nɔ̈k, ku raan ce kum thok e ŋiɛc pïïr.
10) Raan e piɔ̈u miɛt, të looi ë mɛɛnhde kë pieth

Meek ku Këŋ ke Jiëëŋ

11) Raan e piöc apieth të cien në ye tiaam, awär të cien tiam.
12) Raan e puɔ̈u miɛt në riäŋ cë raan dët yök, aye Nhialic bën tëm awuɔ̈c.
13) Raan e thiak në dhëëŋ de guɔ̈p, acït raan ciëŋ në ɣön de kiëc lɔ̈ɔ̈m.
14) Raan e wëët gam në piän de ebën, abë ya raan nyic käŋ aköl dë.
15) Raan ebën anhiaar bë lɔ paan de pïïr athɛɛr, kuka cïn raan göör yeen bë thou.
16) Raan ɣɔɔc toŋ ace tɔŋ ye gɔl të de ɣɔɔc.
17) Raan kuc käŋ e riääk e puɔu dac nyuɔɔth, ku raan ŋic käŋ e rɔt duut.
18) Raan la cök, cï kɔc ye tuɔ̈ɔ̈r nyïn, aye mïth ke lɔ̈ɔ̈k rëër e duk.
19) Raan lëk raan akeu nhom lueth, acït amuɔ̈l cï tɔŋ piɛɛr të kut e kɔc nhiim kut thïn.
20) Raan lïm, ace lɔc.
21) Raan lir puɔu, e dɔ̈ɔ̈r bëi, ku raan ye matil e këraс nhiëër kɔc kɔ̈k.
22) Raan lueel yeye bäny ke cïn kɔc kuany yecök, acït raan cath roor ye tök.

Meek ku Këŋ ke Jiëëŋ

23) Raan määth ke raan ebën, acïn nom mäth.
24) Raan mɔu, alëu bë wëël thiin koor kɔ̈u dɔm.
25) Raan nɔŋ adöt aye wak agut ben raan töŋ kuc döŋ.
26) Raan nɔŋ adöt, e kë looi tak, ku raan cïn adöt e kɔc kɔ̈k kuany cök
27) Raan nɔŋ nhom, aye ŋic ne wël ke yiic.
28) Raan në raan kɔ̈u.
29) Raan nhiaar agɔ̈th, anhiaar karac.
30) Raan nhiaar tɔŋ, akoor e täŋde
31) Raan nhiaar yï, e yï nhiaar we karɛc ku.
32) Raan nhiɛɛr Nhialic, e thou ke ye meth.
33) Raan nhiɛɛr thiëër ku mɛɛn thiëër.
34) Raan nyic käŋ, e nyiëëc e käŋ juakic.
35) Raan ŋic käŋ, ace puɔ̈u ye dac riääk, kuke ya duaar tën yeen, wët cen kë rac ye kuëëny nhom.
36) Raan ŋic käŋ, alëëuë kueer de yic.
37) Raan pieth arilic në yök.
38) Raan pieth, e raan cë thou.
39) Raan puɔlic, e root cɔl aruëny bï kuɔ̈c luui.
40) Raan puɔth, cï raan nɔŋ guɔ̈p kuith ye jɔɔny, athöŋ ke wëër cï diɛt rac nyin.

Meek ku Këŋ ke Jiëëŋ

41) Raan tuaany në yäc, e të tɔ̈u e ɣöt thok thïn ɲic në muɔ̈ɔ̈thic.
42) Raan ye alueeth, alueel ye ɲic kë riëëc.
43) Raan ye cam ye tök, e thou yetök.
44) Raan ye dɔl ciëën, yen e dɔl arët.
45) Raan ye käŋ deetiic, athöŋ ke yinh ce dëu.
46) Raan ye kɔc kɔ̈k luɔ̈ɔ̈p gup tën yïïn e yï luɔ̈ɔ̈p tën kɔc kɔ̈k.
47) Raan ye kɔc ŋɔ̈ŋ nyïn kony, acït raan ce këde kuëi Nhialic.
48) Raan ye kɔc thɔn në lueth, acït luän dïït lɔ nyäcnyäc kuka cï tueny.
49) Raan ye lɔ̈ɔ̈r yup bë abëël dier acen thiekic abëël, aa thöŋ.
50) Raan ye pïïr në theep, e thou në theep.
51) Raan ye riɔ̈ɔ̈c në Nhialic, e nyiëc pïïr, ku mïthke aya.
52) Raan ye tɔŋ ŋäär tueŋ, acië riɔ̈ɔ̈c në täk.
53) Raan ye tïït, e cam në nyïn ke tiim cë luɔk apieth.
54) Raan ye wët rac päl piny, anhiaar dɔ̈ɔ̈r, ku raan ye kë rɛɛc cï mäth de looi tɛk në kɔc yïth e määth rac.
55) Raan ye ye liepduut, e kë rac tiɛɛt wei ne ye guɔ̈p.

Meek ku Këŋ ke Jiëëŋ

56) Raan yeye nom lɛc ye tök, e wuɔ̈ɔ̈c ke ŋïny nɔŋ adöt.
57) Raan yeyic lueel, e nom ciën mäth.
58) Rac de guɔ̈p nɔŋic riëëu, awär dhëëŋ de guɔ̈p.
59) Rap ace leec në yɔ̈r.
60) Rap ace leec në yɔ̈r.
61) Rɔ̈m cï rɔ̈m wäc.
62) Rec dït, aye rec thii liek.
63) Rëc e nhiany gɔl në ye nom.
64) Riääk de piɔ̈u de wuur ke moor arɛk ke Nhialic.
65) Riɛm athiek aka wär pïu.
66) Riɛm, yen ke tui de këëc.
67) Riënythi aye theek ne riɛlde, ku lou e nhom, e dhëëŋ de raandït.
68) Riëu ë aciëbëël ago ciën wuɔɔu.
69) Riëu ë raan e kɔn akɔ̈l tïŋ nyin në yïïn.
70) Rɔ̈m cï rɔ̈m wäc.
71) Rec ke ajök
72) Riŋ de raan në, e awuɔɔk tën raan dët.
73) Ruëëny, e ya raan col puɔu.
74) Täk ku cïnic luɔɔi keke thou.
75) Täŋ pieth e jiɛɛk alande.

Meek ku Këŋ ke Jiëëŋ

76) Tät e nhom, e yïn cɔk dööt kë cï wïc.
77) Tɔɔŋ ka Awan Riääk.
78) Tɔɔŋkuɔ, Pabiɛɛc.
79) Tɔŋ abïïyë Nhialic.
80) Tɔŋ e thabun de dhääl.
81) Tɔŋ e thök ku wët cië kuɔ̈c lueel ace dhuɔ̈k thok.
82) Të ciɛk kë kuɔl jɔɔk yeyic taar, e ke Nhialic yen aɲic kë bë looi.
83) Të cïn tɔ̈u aguiɛɛric, ke yïn tɔ̈u në riääkic.
84) Të cïn yen kë luel, ke yï duk malual de liep cɔk yup daiyic.
85) Të de läi cië thou, yen aa ye coor guëër.
86) Të göörë Nhialic yen buk ya päär, e dë cë wɔ yiën wuɔ̈k.
87) Të nɔŋ nhiëër e yic ciën acuɔl.
88) Të nɔŋic kɔc ŋic käŋ, e tɔ̈u e duk, kuka yen në piöc dït thïn.
89) Të nɔŋic nhiëër, e yic ciën cuɔl.
90) Të nëk cɔk raan aterdu, ke muɔc.

Meek ku Këŋ ke Jiëëŋ

2.11 Biäk de thiëër ku tök de këŋ

1) Të thëërë gat ke reu, ke gak alɔ piɔ̈u yum ku jɔl daai në keek.
2) Tëŋ de ŋïc, e ŋäth com.
3) Thär mac në mac.
4) Thär tɔŋ pieth në piɔ̈n du ebën.
5) Thäth bith ke ŋot ke tuc.
6) Thɔ̈ɔ̈ŋë alanhdu, ke kön du.
7) Thɔ̈k ku aŋui acï lëu bï kë tɔ̈u amat tökic.
8) Thɔn de weŋ ace ŋic në wuɔ̈t kereu yiic.
9) Thɔ̈n në rɔt Nhialic e kakuɔ̈ɔ̈n ye ke takiic, yen abï kek röt nyiɛc looi.
10) Them ba ya köör akäl tök në kë bïn ya amääl agut cië bïn thou.
11) Thïc arac kuka bë dhuk arac.
12) Thiɔ̈k lën ayuur ku mɛc kän adhuëŋ.
13) Thiëëk e kë de Nhialic.
14) Thieth agendu bï yïn tɔ̈c në ye nom.
15) Thiɛ̈c tiɛŋ jɔɔk, në kë näk monyde ku ba jal lɔ tai we ye.
16) Thïm de kë nhiam ace muɔɔny.
17) Thöl athöör në kuën ku ba jal tɔɔnic.

Meek ku Këŋ ke Jiëëŋ

18) Thon de raan dït, e määr de nyïc.
19) Thon de wën në, ceŋë wën në nɔk.
20) Thönydït ace bën ke bäänydït.
21) Thööŋ de käŋ nyïn, e kɔc ŋic Nhialic keka yeen deetic ke pëi.
22) Thuluny töŋ de mac, acï ye thok ye tuŋ.
23) Tiɛɛl arac apɛi, aŋuëën riääk de puɔu.
24) Tiëël gut wun nyin.
25) Tiëët të nyin në të ba näk dhiëër cië yï kac të de wëi.
26) Tiëm de raan kuc käŋ e ba teer we yeen.
27) Tïït aye thäny thar ciëër.
28) Tik ebën adhëŋ, të kën yen jam.
29) Tim com rïnyë ku ciɛmë rïnyë nyïn ke.
30) Tim com rïnyë, ku ben në rïny dët të, tɔc atiëm deyic.
31) Tim tök acï rɔt ye dëëp.
32) Tiŋ atët, acï deŋ ɣönde ye pikic, ku mïthke acïï wiir ye nɔk.
33) Tiŋ de raan dët yen e dhëŋ apɛi.
34) Tïŋ piny ku ba jal yöt.
35) Tiŋ ye adëjöök, acïï dom nɔŋic dhiaac.
36) Tiŋ ye moc luɔi ciɛɛu, acït ɣön ye kuëër.

Meek ku Këŋ ke Jiëëŋ

37) Tïŋ, e gäm.
38) Tït kereu ace tök ye caar.
39) Toc cuëër bë cuëër dɔm.
40) Tuɔ̈c duɔ̈ɔ̈n de piɔ̈u acïn töny arëk ke thɛɛl.
41) Tuɔŋ ace geet ke kën në kuem.
42) Wään cï cïï wën.
43) Wään cï cït wën.
44) Wakɔ̈u anɔŋ yïth.
45) Wɔ cë dak cië röör ke kïc.
46) Wɔ ruääi ku ŋɛk paande.
47) Wëëth ace jam, kuke lueth cɔk ye yic.
48) Wëëth yen ke mei de rëëc.
49) Wëi arëër ne Nhialic cin.
50) Wël amit apɛi kuka cï kuïn geer.
51) Wël gɔɔl ace koon.
52) Wël thöl alɛɛŋ keek.
53) Wël thöl alɛɛŋke.
54) Wën de wuur, e ŋueɣ adhum nom.
55) Wëny jöt yen ke piny weec apieth.
56) Weŋ ye theer aye aŋui cam.
57) Wëu aa ye jam.
58) Wëu aa ye piny wïïc.

Meek ku Këŋ ke Jiëëŋ

59) Wëu ace luɔk në tim nom.
60) Wëët ë mɛɛnhdu bë dït ke cïn riɔ̈ɔ̈c, ku na päl ke cï wëët, keka ca kuɔny cök në thou.
61) Wɛl bär nïïm atɔ̈u në wëër lɔŋ tï.
62) Wët puɔɔth iëï luɛɛl nyinde, acït waai rial.
63) Wët yiëëc ŋic ŋa?
64) Wiir yen ke wut nɔ̈k ebën.
65) Wïn de thou acie tueny.
66) Wïn de tör de lueth aciek.
67) Wuɔ ruääi në wɔ nyïn cië yɔ̈k.
68) Wun de nya acïnic thiëu.
69) Wun de nya amuk thieec, në nyaande.
70) Wun de nya, yen anɔŋ löŋ në nyaande.
71) Wun dun cuet yïn athɔ̈rbei ke yï kääc.
72) Wun lei ciɛm e jö yïïn.
73) Wut tɔŋ abërë, ku beer abërë tɔŋ.
74) Yäc dhiëëth apiɔ̈ɔ̈k.
75) Yäny dakic acïn yïth yen ke piŋ.
76) Yeŋö mäc cë jö, kuye bɛɛr biök.
77) Yic e këde raan ebën.
78) Yic piɔɔl de raan ye thïc ace yuul, ku raan ce thïc, e yic pial athɛɛr.

Meek ku Këŋ ke Jiëëŋ

79) Yic, e ɣɛɛr.
80) Yïën në raan wïn dït, ago ye yeth mac bë dac thou.
81) Yïïn we wänmuuth ɣëët kë në wën de wulën, ku ɣëët kë në raan ater wedhia.
82) Yïn bë nom lɔ piöth në köör thar.
83) Yïn bï kal cë nyɔŋ de Mabiöör Luɔ̈ɔ̈l.
84) Yïn ce mɛɛnh nëk cɔ̈k, ye lëk kuïn cë cam wään.
85) Yïn cï lëu ba agɔŋ cië dhiɔp, nyuɔ̈th kueer rokic.
86) Yïn kën dhiɔp, bë ciën kë piɔ̈ɔ̈c cië.
87) Yïn kën gääu.
88) Yïn lëu ba ajöŋköör lɛɛr wëric, ku ka cï lëu ba cɔk dëk në riɛl.
89) Yïn ŋic raan nhiaar ku raan nhiaar yïïn akuc.
90) Yïn ye piöc në yëm de tim, të yep yïn tim.
91) Yuɔɔm cë gaak ace kuin kɔ̈u.

Meek ku Këŋ ke Jiëëŋ

3.0 Kïït ke Thuɔŋjäŋ/ Akeer ke Thoŋ de Jiëëŋ

3.1 Kïït dït ke Thuɔŋjäŋ

A	B	C	D	DH	E	Ɛ
G	Ɣ	I	J	K	L	M
N	NH	NY	Ŋ	T	TH	
U	W	O	Ɔ	P	R	Y

3.2 Kïït thii ke Thuɔŋjäŋ

a	b	b	d	dh	e	ɛ
g	ɣ	i	j	k	l	m
n	nh	ny	ŋ	t	th	
u	w	o	ɔ	p	r	y

3.3 Kïït dheu

A	E	Ɛ	I	O	Ɔ
a	e	ɛ	i	o	ɔ

3.4 Kïït yäu

Ä	Ë	Ɛ̈	Ï	Ö	Ɔ̈
ä	ë	ɛ̈	ï	ö	ɔ̈

Meek ku Këŋ ke Jiëëŋ

3.5 Kuën Akeer ke Thoŋ de Jiëëŋ

A	E	I	O	U

Aköön	Weŋ	Biɔl	Rok	Agumut

W	Y	B	P	M

Wut	Yiëp	Baai	Pɛɛi	Miir

N	NH	Ŋ	NY	R

Nɔk	Nhiëër	Aŋau	Nyaŋ	Rɔu

D	DH	T	TH	L

	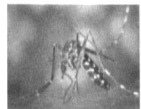			

Meek ku Këŋ ke Jiëëŋ

| Dak | Dhiëër | Tim | Thɔ̈rɔ̈t | Lok |

| K | G | Ɣ | C | J |

| Kuac | Gɔt | Ɣöt | Cuɔɔr | Jö |

| AA | EE | II | OO | U |

| Amaar | Teer | Tiim | Cool | Cuur |

| Ä | Ë | Ï | Ö | Ɛ̈ |

| Cäm | Kuëi | Ajïth | Töny | Piɛ̈n |

| ÄÄ | ËË | ÏÏ | ÖÖ | Ɛ̈Ɛ̈ |

Meek ku Këŋ ke Jiëëŋ

Amääl   Rëët   Acuïl   Piööc   Wëër

ɛ   ɛɛ   ɔ   ɔ̈   ɔɔ

Diɛt   Tiɛɛr   Piɔk   Akɔ̈l   Ayɔɔk

ɔ̈ɔ̈

Acɔ̈ɔ̈m

4.0 References

1) Atem, Y. A. (2017). *Jungle Chronicles and other writings recollections of South Sudanese*. Perth, WA: Africa World Books Pty Ltd.
2) Blench, R. (2005). *Dinka-English Dictiory*. http://www.rogerblench.info/Language/Nilo-Saharan/Nilotic/Comparative%20Dinka%20lexicon%20converted.pdf
3) Blench, R. (2005). *English to Dinka Glossary*. http://www.rogerblench.info/Language/Nilo-Saharan/Nilotic/English-Dinka%20glossary%207%20May.pdf
4) ECS New Day publishers. (2000). *Buɔ̈ŋ Marial*. Khartuom, Sudan: ECS/New Day publishers, (First published in 1955).
5) ECS. (1956). *Kitap de Duɔr*. Juba, Sudan: New Day publishers.
6) United Bible Societies. (1959). *Lëk jöt de Yecu Krïtho*. Juba, South Sudan: The bible Society in South Sudan.
7) ECS. (1998). *Buŋ de diɛt ke duɔ̈ɔ̈r: Dinka Bor Hymnal*. Nairobi, Kenya: Episcopal Church of Sudan.
8) Nebel, P. A. (1979). *Dinka - English, English - Dinka dictionary: thong Muonyjang, jam Jang kek Jieng = Dinka language, Jang and Jieng dialects*. https://searchworks.stanford.edu/view/1430737
9) Abdehlay, A., Makoni, B. & Makoni, S. (2016). The colonial linguistics of governance in Sudan: The Rejaf Language Conference, 1928. *Journal of African Cultural*

Studies, 28(3), 343-358.
https://doi.org/10.1080/13696815.2016.1146129

10) Afritorial, (2012). The best: 72+ African wise proverbs and inspiring quotes http://afritorial.com/the-best-72-african-wise-proverbs/

11) Chigozie, E. (2018). African Quotes: 108 African popular sayings that will get you thinking https://answersafrica.com/african-quotes-sayings.html

12) Dickson (2017). 50 African proverbs to get you thinking https://matadornetwork.com/bnt/50-african-proverbs-to-get-you-thinking/

13) Franco, B. B. (2014). African proverbs that will crack your ribs their their meanings https://www.howwe.biz/news/comedy/828/african-proverbs-that-will-crack-your-ribs-and-their-meanings

14) Kloppzy, (2018). Funny But Wise African Proverbs. - Culture – Nairaland http://www.nairaland.com/1891848/funny-wise-african-proverbs

15) Life Line (2013). Humorous Proverbs. http://lifelinesproverbs.com/proverb-resources/humorous-proverbs/

16) Rasqoh, (2015). 15 funny African proverbs. http://rasqoh.com/15-funny-african-proverbs/

17) Thandiubani, (2016). 15 Funny and wise African proverbs to make you laugh and roll on the floor https://www.tori.ng/news/36551/15-funny-and-wise-african-proverbs-to-make-you-lau.html

A Note from the Publisher

The publisher wishes to acknowledge and thank Dr Douglas H. Johnson for his invaluable help and support for Africa World Books and its mission of preserving and promoting African cultural and literary traditions and history. Dr Johnson and fellow historians have been instrumental in ensuring that African people remain connected to their past and their identity. Africa World Books is proud to carry on this mission.

Copyright © Manyang Deng
Published by Africa World Books, 2018.
ISBN: 978-0-6488415-7-9
Reprinted in this format 2020.

All rights reserved. No part of this publication may be reproduced, stored in retrieval system, or transmitted, in any form or by any means without the prior written permission of the author, nor be otherwise circulated in any form of binding or cover other than that in which it is published and without a similar condition being imposed on the subsequent purchaser.

www.ingramcontent.com/pod-product-compliance
Lightning Source LLC
Chambersburg PA
CBHW030302010526
44107CB00053B/1789